Karl-Friedrich Ackermann (Hrsg.)

Balanced Scorecard für Personalmanagement und Personalführung

Praxisansätze und Diskussion

GABLER

Karl-Friedrich Ackermann ist seit 1975 o. Univ.-Prof. für Betriebswirtschaftslehre, insbesondere Personalmanagement an der Universität Stuttgart und Geschäftsführender Gesellschafter der Unternehmensberatung ispa Institut für Strategische Personalführung und Arbeitszeitgestaltung GmbH (BDU) in Stuttgart. Der Arbeitsschwerpunkt liegt in der Einführung, Förderung und Weiterentwicklung des unternehmerischen Personalmanagements in der Praxis als Beitrag zur Sicherung dauerhafter Wettbewerbsvorteile und der Arbeitsplätze.

Die Deutsche Bibliothek - CIP-Einheitsaufnahme
Ein Titeldatensatz für diese Publikation ist bei
Der Deutschen Bibliothek erhältlich.

1. Auflage November 2000

Alle Rechte vorbehalten.
© Betriebswirtschaftlicher Verlag Dr. Th. Gabler GmbH, Wiesbaden, 2000
Lektorat: Ralf Wettlaufer / Brit Voges

Der Gabler Verlag ist ein Unternehmen der Fachverlagsgruppe BertelsmannSpringer.

Das Werk einschließlich aller seiner Teile ist urheberrechtlich geschützt. Jede Verwertung außerhalb der engen Grenzen des Urheberrechtsgesetzes ist ohne Zustimmung des Verlages unzulässig und strafbar. Das gilt insbesondere für Vervielfältigungen, Übersetzungen, Mikroverfilmungen und die Einspeicherung und Verarbeitung in elektronischen Systemen.

www.gabler.de

Höchste inhaltliche und technische Qualität unserer Produkte ist unser Ziel. Bei der Produktion und Verbreitung unserer Bücher wollen wir die Umwelt schonen: Dieses Werk ist auf säurefreiem und chlorfrei gebleichtem Papier gedruckt. Die Einschweißfolie besteht aus Polyäthylen und damit aus organischen Grundstoffen, die weder bei der Herstellung noch bei der Verbrennung Schadstoffe freisetzen.

Die Wiedergabe von Gebrauchsnamen, Handelsnamen, Warenbezeichnungen usw. in diesem Werk berechtigt auch ohne besondere Kennzeichnung nicht zu der Annahme, dass solche Namen im Sinne der Warenzeichen- und Markenschutz-Gesetzgebung als frei zu betrachten wären und daher von jedermann benutzt werden dürften.

Konzeption und Layout des Umschlages: Ulrike Weigel, www.CorporateDesignGroup.de
Druck und Buchbinder: Lengericher Handelsdruckerei, Lengerich/Westf.
Printed in Germany

ISBN 3-409-11567-6

Vorwort

Balanced Scorecard als Management- und Steuerungsinstrument überzeugt durch die Möglichkeit, Unternehmensprozesse ganzheitlich zu betrachten. Die geschickte, übersichtliche Verknüpfung von Zielen, Kennzahlen, Vorgaben und Maßnahmen erleichtert die Umsetzung und Steuerung von Strategien. Ob und inwieweit die Balanced Scorecard sich als Navigator für den Personalbereich eignet, welche Ausgestaltungs- und Verwendungsmöglichkeiten es gibt, sollen die Beiträge dieses Tagungsbandes aufzeigen. Sie liefern – von Autoren mit unterschiedlichem Erfahrungshintergrund geschrieben – einen äußerst facettenreichen Überblick über das neue Forschungs- und Anwendungsgebiet *BSC im Personalbereich*.

Nach einer Einführung in die Theorie der Balanced Scorecard werden die Anforderungen und Konsequenzen der Balanced Scorecard für das Personalmanagement aufgezeigt. Dazu wird zunächst die Personalabteilung auf ihre BSC-Eignung als Organisationseinheit hin analysiert. Die Erkenntnis, dass die Balanced Scorecard zumindest auf fortschrittliche Personalabteilungen übertragen werden kann, führt zur Vorstellung möglicher Ausgestaltungen der BSC als Instrument des Personalcontrollings.

Die Praxis verwendet die unterschiedlichsten Konzepte und Formen des Personalcontrollings. Am Beispiel Hewlett-Packard GmbH wird deutlich, dass bereits vor Veröffentlichung der BSC bewährte Personalcontrolling-Konzepte bestanden, die die ganzheitliche Betrachtung der Balanced Scorecard vorwegnehmen.

Balanced Scorecard kann auch zur Steuerung von Teilaspekten des Personalmanagements eingesetzt werden. Die E. Breuninger GmbH & Co. setzt sie zur ganzheitlichen Führung ein. Ein anderer wichtiger Teilaspekt des Personalmanagements ist Wissen. Skandia Lebensversicherungs AG entwickelte einen Navigator angelehnt an die klassischen Perspektiven der BSC zur Steuerung und Messung von Wissen im Unternehmen. Die Kennzahl des Intellectual Capital wird jährlich in den Geschäftsbereich aufgenommen.

Sicherlich wecken die unterschiedlichen Facetten der Anwendung das Interesse, selbst eine BSC für das eigene Personalmanagement zu kreieren. Wie dabei vorgegangen werden kann, zeigt das Beispiel der Deutschen Bahn AG, die seit einiger Zeit an der Einführung einer BSC im Personalmanagement arbeitet.

Dieser Tagungsband will durch die unterschiedlichen Beiträge die Kreativität und Begeisterung zur Generierung einer BSC im eigenen Unternehmen herausfordern, Mut zur Veränderung und Anpassung der klassischen BSC an die unternehmensspezifischen Anforderungen machen: BSC-Personal ist *Work in Progress*.

Mein Dank gilt den Mitautoren aus der Unternehmenspraxis und allen, die die Veröffentlichung des vorliegenden Tagungsbandes möglich gemacht haben.

Stuttgart, im August 2000 DER HERAUSGEBER

Inhaltsverzeichnis

Vorwort 5

Teil I: Theorie der Balanced Scorecard-Personal 9

I. *Karl-Friedrich Ackermann:*
   Das Balanced Scorecard-Konzept – Grundlagen und Bedeutung für die
   Unternehmenspraxis 11

II. *Karl-Friedrich Ackermann:*
    Anwendungsmöglichkeit der Balanced Scorecard im Personalbereich 47

III. *Christian T. Tonnesen:*
     Die HR-Balanced Scorecard als Ansatz eines modernen Personalcontrolling 77

Teil II: Praxis der Balanced Scorecard-Personal 101

IV. *Andreas Guldin:*
    Balanced Scorecard und Elemente ganzheitlicher Führung – Anwendungen
    bei der E. Breuninger GmbH & Co. 103

V. *Jutta Kohlmann:*
   Entwicklung des Personalcontrollings bei Hewlett-Packard 123

VI. *Martina Backes:*
    Wissensbasierte Unternehmensführung und Umsetzung bei Skandia 137

VII. *Jürgen Niemann:*
     Die Rolle des Personalmanagements bei Einführung der BahnStrategieCard 149

Teil I

Theorie der Balanced Scorecard-Personal

Prof. Dr. Karl-Friedrich Ackermann

Das Balanced Scorecard-Konzept – Grundlagen und Bedeutung für die Unternehmenspraxis

Inhaltsverzeichnis

1. Die Balanced Scorecard als Problemlöser im strategischen Management-Konzept 13

2. Leitideen der Balanced Scorecard 15

3. Definitionsversuche zur Balanced Scorecard 18

4. Die Architektur der Balanced Scorecard 19
   - 4.1 Zentrale Vision und Strategie des Unternehmens als Ausgangspunkt 20
   - 4.2 Besonderer Stellenwert der finanziellen Perspektive in der Balanced Scorecard ... 27
   - 4.3 Die Kundenperspektive in der Balanced Scorecard 28
   - 4.4 Die interne Prozessperspektive in der Balanced Scorecard 29
   - 4.5 Die Lern- und Entwicklungsperspektive in der Balanced Scorecard ... 32
   - 4.6 Bewertung der Architektur 34

5. Erarbeitung einer unternehmensspezifischen Balanced Scorecard ... 36
   - 5.1 Grundthesen zur Erarbeitung einer Balanced Scorecard im Unternehmen ... 36
   - 5.2 Die Ausgangslage der Unternehmen 37
   - 5.3 Ablaufmodelle der Balanced-Scorecard-Erarbeitung 39

6. Aktive Rollen der Personalabteilung im Prozess der Balanced Scorecard-Erstellung 41

7. Ansatzmöglichkeiten zur Komplettierung und Weiterentwicklung der Balanced Scorecard 43

8. Literaturhinweise 45

1. Die Balanced Scorecard als Problemlöser im strategischen Management-Konzept

Die *Balanced Scorecard* ist vor dem Hintergrund einer jahrzehntelangen Grundlagendiskussion zur Entwicklung und Ausgestaltung des strategischen Managements in der Unternehmenspraxis zu sehen.

Nach der bahnbrechenden Untersuchung von Chandler Anfang der 60er Jahre über Strategie und Strategiewandel großer US-amerikanischer Traditionsunternehmen seit ihrer Gründung unter dem Einfluss grundlegender Veränderungen in der ökonomischen, technologischen und soziokulturellen Umwelt (vgl. Chandler 1962), hat sich die Forschung in den 70er und 80er Jahren vor allem den Fragen der Begründung (warum ist Strategie und strategisches Management notwendig?), der Identifikation von Strategietypen (welche Strategien sind möglich?), der Strategiewahl (welche Strategie sollte gewählt werden, welche Einflussfaktoren sind dabei zu berücksichtigen?) wie auch dem Gesamtprozess der Strategiebildung gewidmet. Schon relativ früh wurde das Problem erkannt, Strategien in Aktionen umzusetzen; empirische Untersuchungen zur Verbreitung des strategischen Managements weisen auf Umsetzungslücken hin, die es durch eine geeignete Methodik zu schließen gilt. Als Problemlöser bietet sich neuerdings die *Balanced Scorecard* an (vgl. Kaplan u. Norton 1997). Die *Balanced Scorecard* versteht sich als System zur erfolgreichen Umsetzung von Strategien – und der vorgelagerten Unternehmensvision – in Aktionen.

Wie die Strategieentwicklung wird auch die Strategieumsetzung mit Hilfe der Balanced Scorecard mit Blick auf das gesamte Unternehmen oder auch für einzelne Unternehmensteile, z.B. für Geschäfts- oder Funktionsbereiche, diskutiert. Abb. 1 veranschaulicht den Gesamtzusammenhang.

	Strategieentwicklung	Strategieumsetzung
Konzern-/ Unternehmens- ebene	Unternehmensstrategien (Corporate Strategies)	Unternehmens- Balanced Scorecard
Geschäftsbereichs- ebene	Geschäftsbereichs- Strategien (Business Strategies)	Geschäftsbereichs- Balanced Scorecard
Funktionsbereichs- ebene	Funktional-Strategien (Functional Strategies z.B. Personalstrategien	Funktions-Balanced Scorecard z.B. Personal-Balanced Scorecard
Subfunktionale Ebene	Subfunktionale Strategien (Subfunctional Strategies	Subfunktions- Balanced Scorecard

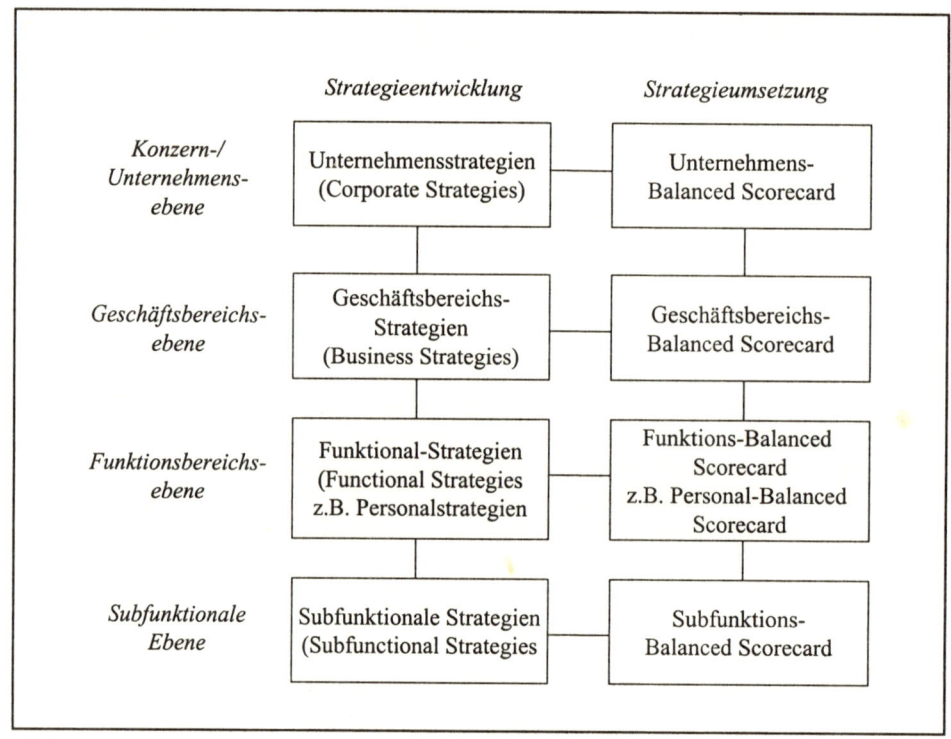

Abb. 1: Positionierung der Balanced Scorecard im Strategischen Management-Konzept

Für die Einführung und Anwendung der *Balanced Scorecard* sind die nachstehenden Fragen von grundsätzlicher Bedeutung:

(1) Welche Ideen haben die Entwicklung des Balanced Scorecard-Konzepts geleitet?;

(2) was wird unter einer *Balanced Scorecard* verstanden?;

(3) wie ist die *Balanced Scorecard* aufgebaut?;

(4) was ist bei der unternehmensspezifischen Erarbeitung einer *Balanced Scorecard* zu beachten, wie ist vorzugehen?;

(5) welchen Beitrag kann die Personalabteilung bei der Erstellung der *Balanced Scorecard* leisten?;

(6) welche Schwachstellen lassen sich beim Standardmodell der *Balanced Scorecard* erkennen, wo gibt es Bedarf für Ergänzungen und Weiterentwicklungen?;

Auf diese und andere Fragen ist im Folgenden näher einzugehen.

2. Leitideen der Balanced Scorecard

Im Sport bezeichnet eine Scorecard die Ergebnis- oder Zählkarte, auf der die erzielten Punkte oder die erreichten Ergebnisse eines Athleten bei verschiedenen Disziplinen verzeichnet sind. Diese Grundidee wird nunmehr auf Industrie- und Dienstleistungsunternehmen übertragen. Die Unternehmen können auf verschiedenen Gebieten *punkten*. Die Scorecard ist *balanced*, wenn die verschiedenen Gebiete ausgewogen berücksichtigt werden.

Das Konzept der unternehmensbezogenen Balanced Scorecard wurde u.a. aus der Erkenntnis heraus entwickelt, dass traditionelle Kennzahlensysteme zur Steuerung der Unternehmen finanzlastig und oft genug rückwärtsgewandt sind: finanzlastig, weil finanzielle (monetäre) Kennzahlen wie z.B. Rentabilitäts- und Liquiditätskennzahlen gegenüber nicht-finanziellen (nicht-monetären) Kennzahlen als Steuerungsgrößen dominieren; rückwärtsgewandt, wenn und soweit diese Kennzahlen lediglich zur Leistungsmessung in bereits abgelaufenen Berichtsperioden herangezogen werden.

Die Entwicklung der Balanced Scorecard lässt sieben Leitideen erkennen:

(1) die Ergänzungsbedürftigkeit finanzieller Steuerungssysteme;

(2) das Primat der Unternehmensstrategie;

(3) Betonung der Zukunftsgestaltung;

(4) Stakeholder–Orientierung statt Shareholder-Orientierung;

(5) Systemdenken als Grundprinzip;

(6) Praktikabilität durch Fokussierung auf das Wesentliche;

(7) Generelle Anwendbarkeit.

Ad 1: Die Ergänzungsbedürftigkeit finanzieller Steuerungssysteme

Der finanziellen Steuerung des Unternehmens z.B. durch den Shareholder Value oder andere finanzielle Kennzahlen setzt die Balanced Scorecard die Forderung nach Ergänzung durch Ziele und Kennzahlen aus anderen wichtigen Bereichen des Unternehmens entgegen. Die Unzulänglichkeiten einer ausschließlich finanziellen Unternehmenssteuerung zeigen sich in verschiedener Weise:

(1) viele unternehmensrelevante Sachverhalte können durch monetäre Kennzahlen nicht oder nur unvollständig erfasst werden (Beispiele: Kundenzufriedenheit, Mitarbeitermotivation);

(2) monetäre Kennzahlen bilden häufig lediglich die Auswirkungen, nicht die Ursachen von Veränderungen ab (Beispiel: sinkende Umsatzrentabilität). Für die Unternehmenssteuerung ist aber gerade die Kenntnis von Ursache-Wirkungs-Beziehungen von besonderer Bedeutung;

(3) monetäre Kennzahlen eignen sich wenig zur Zielvorgabe, Motivation und Steuerung der Zielerreichung operativer Bereiche (z.B. der Fertigung) und deren MitarbeiterInnen.

Die Balanced Scorecard löst dieses Problem, indem die bekannten monetären Kennzahlen (*hard facts*) durch nicht-monetäre Kennzahlen (*soft facts*) aus verschiedenen Bereichen ergänzt werden.

Ad 2: Das Primat der Unternehmensstrategie

Die zweite wichtige Leitidee besteht darin, dass alle Einzelziele und Aktionen im Unternehmen einen gemeinsamen Bezugspunkt, nämlich eine ausgearbeitete Unternehmensstrategie haben sollten. Damit greift die Balanced Scorecard eine zentrale Forderung der strategischen Unternehmenssteuerung auf. Diese Forderung wird dadurch realisiert, dass die Festlegung der Unternehmensstrategie das Primat vor der Planung konkreter Einzelziele und Aktionen erhält. Letztere sind konsequent aus der Unternehmensstrategie abzuleiten und sollen dazu beitragen, die Strategie umzusetzen.

Ad 3: Betonung der Zukunftsgestaltung

Das Primat der Unternehmensstrategie ist eng verknüpft mit einer weiteren Leitidee: die Balanced Scorecard geht von einem Unternehmen aus, das selbstbewusst seine Zukunft gestaltet, eher agierend als reagierend, indem es Strategien entwickelt und Ziele formuliert, die kurz-, mittel- oder auch langfristig erreicht werden sollen. Die Zukunftsgestaltung, nicht die Messung von Vergangenheitsleistungen ist eines der wichtigsten Leitideen der Balanced Scorecard überhaupt.

Ad 4: Stakeholder-Orientierung statt Shareholder-Orientierung

Während die Shareholder Value-orientierte Unternehmenssteuerung mehr oder weniger ausschließlich von den Interessen der Anteilseigner ausgeht, fordert die Balanced Scorecard die ausgewogene Berücksichtigung auch anderer Stakeholder-Interessen, insbesondere der Interessen der Kunden wie auch die der MitarbeiterInnen, weil deren dauerhafte Vernachlässigung entweder nicht möglich oder aber für die Verfolgung der Anteilseigner-Interessen nicht vorteilhaft ist.

Ad 5: Systemdenken als Grundprinzip

Das Denken in Systemen, das der Balanced Scorecard zugrunde liegt, äußert sich in der geforderten Verknüpfung der einzelnen Teile und Elemente. Drei Arten von Verknüpfungen lassen sich unterscheiden:
- die horizontale Verknüpfung der einzelnen Teilbereiche bzw. *Perspektiven* (Perspektiven-Verknüpfung) wie auch der Ziele innerhalb der einzelnen Perspektiven;
- die vertikale Verknüpfung der strategischen Entscheidungsebene (Unternehmensstrategie) mit der taktischen und operativen Entscheidungsebene (Programme und Einzelmaßnahmen) in den verschiedenen Perspektiven (Entscheidungsebenen-Verknüpfung);
- die vertikale Verknüpfung von Entscheidungsphasen, insbesondere der Zielfindung und Sollwert-Bestimmung mit der Suche nach und Festlegung von geeigneten Aktionen (Programmen, Maßnahmen) zur Realisierung der Ziele (Entscheidungsphasen-Verknüpfung).

Diese Verknüpfungen sind typisch für eine ganzheitliche Betrachtung und für die Berücksichtigung interdependenter Zusammenhänge aller Entscheidungen im Unternehmen.

Ad 6: Praktikabilität durch Fokussierung auf das Wesentliche

Würde die Balanced Scorecard sämtliche möglichen Perspektiven, alle angestrebten Ziele und Kennzahlen sowie alle in Betracht kommenden Aktionen zur Realisierung der Ziele in einem Unternehmen erfassen wollen, wäre ihre mangelnde Brauchbarkeit und Handhabbarkeit für die Unternehmenspraxis offensichtlich. Leitidee der Balanced Scorecard ist daher nicht die Vollständigkeit, sondern die Fokussierung auf das Wesentliche, auf die wichtigsten Ziele, die erreicht werden sollen und auf die wichtigsten Aktionen zur Zielerreichung innerhalb der betrachteten Planungsperiode.

Ad 7: Generelle Anwendbarkeit

Eine weitere Leitidee der Balanced Scorecard hat zum Inhalt, dass sie für möglichst alle Unternehmen und auch für Non-Profit-Organisationen verwendbar sein sollte, unabhängig von deren Größe und Branchenzugehörigkeit. Um diese Idee realisieren zu können, gibt die Balanced Scorecard lediglich einen formalen Orientierungsrahmen vor, der unternehmensspezifisch und situationsabhängig in unterschiedlicher Weise ausgefüllt werden kann.

Soweit das Standardmodell der Balanced Scorecard konkrete Inhalte angibt, sind diese lediglich als Beispiele, nicht als verbindliche Vorgaben zu werten.

3. Definitionsversuche zur Balanced Scorecard

Eine aussagefähige Definition der Balanced Scorecard, die alle wesentlichen Aspekte beinhaltet, ist wegen der hohen Komplexität dieses Konzepts nicht ganz einfach.

Kaplan u. Norton haben ihr Standardmodell einer unternehmensbezogenen Balanced Scorecard wie folgt gekennzeichnet: *Die Balanced Scorecard übersetzt die Unternehmensmission und –strategie in ein übersichtliches System zur Leistungsmessung, welches den Rahmen für ein strategisches Leistungsmessungs- und Managementsystem bildet ... Die Scorecard misst die Leistung des Unternehmens aus vier ausgewogenen Perspektiven: der finanziellen Perspektive, der Kundenperspektive, der internen Perspektive und der Innovationsperspektive* (Kaplan u. Norton 1997, S. 2).

Kritisch anzumerken ist, dass diese Kennzeichnung allzu sehr die Measurementfunktion der Balanced Scorecard hervorhebt, während die Steuerungsfunktion eher in den Hintergrund tritt. Die nachstehende Neudefinition will die Bedeutung der Steuerungsfunktion unterstreichen:

> Mit dem Begriff „Balanced Scorecard" wird ein strategisches Managementsystem bezeichnet, das eine ganzheitliche Steuerung des Unternehmens durch ausgewogene Berücksichtigung aller erfolgsrelevanten Perspektiven bzw. Dimensionen ermöglicht. Sie bildet den Rahmen zur Umsetzung der Vision und Strategie in Aktionen.

Diese Definition ist weit gefasst und lässt die Möglichkeit offen, Anzahl und Art der Perspektiven unternehmensspezifisch zu bestimmen, ggf. abweichend vom ursprünglichen Konzept der Balanced Scorecard von Kaplan u. Norton (vgl. dazu Abb. 2).

Die Besonderheit der so gekennzeichneten Balanced Scorecard als Managementsystem wird deutlich, wenn man sie mit ähnlich aufgebauten Berichtssystemen wie z.B. dem sog. *Scandia Navigator* vergleicht. Der Scandia Navigator (vgl. Edvinsson/Malone 1997) weist die gleichen vier Perspektiven auf wie die Balanced Scorecard von Kaplan u. Norton, ist aber im Gegensatz dazu ein vorwiegend vergangenheitsorientiertes Berichtssystem, das das vorhandene *Intellectual Capital* zusätzlich zum Finanzkapital des Unternehmens möglichst vollständig abzubilden versucht. Demgegenüber will die Balanced Scorecard nicht berichten, was war, sondern in erster Linie festlegen, was sein soll. Durch Vergleichen der Istwerte mit den Sollwerten kann allerdings die Balanced Scorecard im nachhinein auch dazu verwendet werden, die Leistungen des Gesamtunternehmens oder einzelner Teilbereiche zu bewerten.

4. Die Architektur der Balanced Scorecard

Die Frage nach dem Aufbau der Balanced Scorecard wird durch die nachstehende Abb. 2 beantwortet.

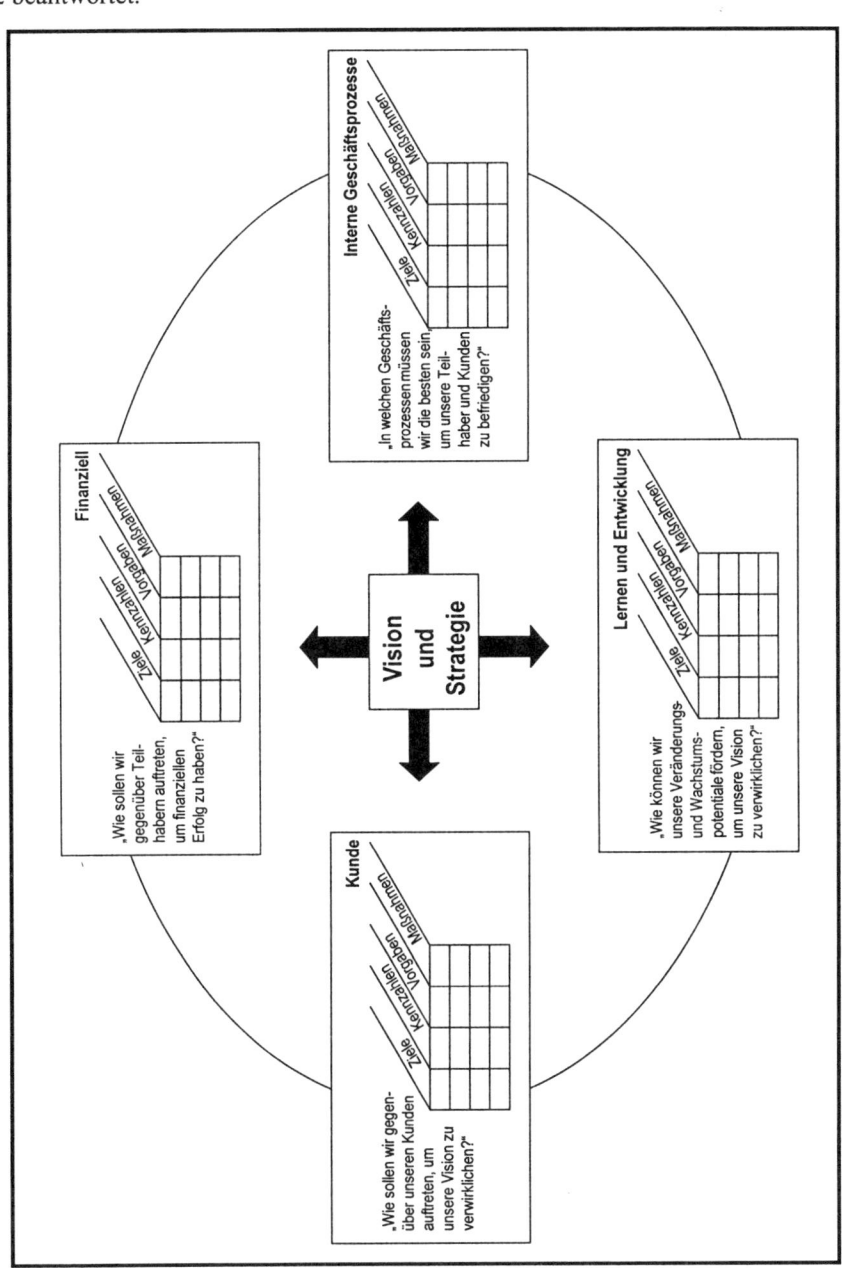

Abb. 1: Standardmodell der Balanced Scorecard
(Quelle: Kaplan/Norton 1997, S. 9)

Das dargestellte Standardmodell lässt 5 Hauptkomponenten erkennen:

(1) die zentrale Vision und Strategie des Unternehmens als Ausgangspunkt;

(2) die finanzielle Perspektive;

(3) die Kundenperspektive;

(4) die Prozessperspektive;

(5) die Lern- und Entwicklungsperspektive.

Diese Hauptkomponenten sind nicht isoliert zu betrachten, sondern sind durch Ursache-Wirkungs-Zusammenhänge miteinander verknüpft. Im Folgenden werden die einzelnen Hauptkomponenten erläutert und – wo sinnvoll und notwendig – präzisiert.

4.1 Zentrale Vision und Strategie des Unternehmens als Ausgangspunkt

Voraussetzung für das Erstellen einer Balanced Scorecard ist, dass das Unternehmen eine *Vision* hat wie auch eine *Strategie*, um die Vision zu realisieren. Häufig wird von Kaplan u. Norton auch der Begriff *Unternehmensmission* verwendet. Betrachtet man die *Mission* als Bindeglied zwischen *Vision* und *Strategie,* dann lässt sich der Ausgangspunkt der BSC wie folgt präzisieren:

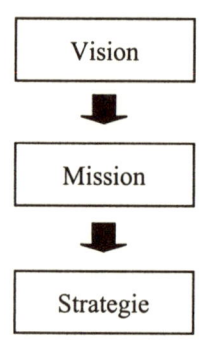

```
    Vision
      ↓
   Mission
      ↓
   Strategie
```

Die drei Grundbegriffe bezeichnen äußerst komplexe Sachverhalte, die in Wissenschaft und Praxis zu einer Vielzahl mehr oder weniger präziser Definitionsversuche geführt haben. Eine einheitliche, allgemein akzeptierte Begriffsverwendung für *Vision*, *Mission* und *Strategie* existiert z.Zt. nicht. Die von Kaplan u. Norton verwendeten, aber nicht weiter definierten Begriffe lassen somit einen erheblichen Interpretationsspielraum zu, der bei den Anwendern der BSC immer wieder erhebliche Anfangsschwierigkeiten verursacht. Eine Begriffsklärung erscheint daher überfällig.

a) Die Unternehmensvision in der Balanced Scorecard

Unter einer Vision versteht man im allgemeinen Sprachgebrauch ein in der Vorstellungswelt eines Menschen entworfenes und geschautes Bild bezüglich der Zukunft, das zu einem Leitbild für sich und andere werden kann.

Zum Kern der Unternehmensvision gehören zukunftsweisende Geschäftsideen sowie Vorstellungen über die künftige Entwicklung und über die Wunschposition, die das Unternehmen in der Zukunft einnehmen sollte, beispielsweise *in bestimmten Geschäftsfeldern die Nr. 1 in der Welt werden, mit qualitativ besonders hochwertigen Produkten in neue Märkte vorstoßen, durch bahnbrechende Innovationen zum Technologieführer in der Branche aufschließen, als global player tätig werden*, etc.

Ähnlich wie Ziele haben Unternehmensvisionen bestimmte Funktionen zu erfüllen. An erster Stelle zu nennen ist die Motivationsfunktion: Visionen können durch ihren Herausforderungscharakter Individuen und Gruppen im Unternehmen mobilisieren und zu besonderen Anstrengungen und Leistungen veranlassen. Ebenso wichtig ist die Identifizierungsfunktion, indem Visionen Zusammengehörigkeitsgefühle schaffen und dazu beitragen können, dass sich Individuen und Gruppen mit dem Unternehmen identifizieren. Nicht zu unterschätzen ist auch die Steuerungsfunktion und Koordinationsfunktion der Vision.

Damit eine Vision diese Funktionen optimal erfüllen kann, müssen bestimmte Voraussetzungen erfüllt sein (vgl. EL-Namaki 1992, S. 27):

die Vision sollte ...

(1) in absehbarer Zeit realisierbar sein,

(2) einfach und klar formuliert sein,

(3) eine Herausforderung für das gesamte Unternehmen darstellen,

(4) die grundlegenden Ziele und Anspruchsniveaus der Unternehmensgründe bzw. der Visionsentwickler widerspiegeln,

(5) weit genug und zugleich so konkret wie möglich gefasst sein,

(6) Aufmerksamkeit erregen und fokussieren können,

(7) in konkrete Ziele und Strategien übertragbar sein,

(8) vom Top Management nachhaltig unterstützt werden,

(9) eine gewisse Richtung vorgeben.

Die Unternehmensvision findet ihren Niederschlag in der Unternehmensmission.

b) Die Unternehmensmission in der Balanced Scorecard

Die Vision wird zur Mission, wenn sie als *Sendung*, als Auftrag, als Aufgabe verstanden wird, der man sich mit Hingabe und Überzeugung bzw. Sendungsbewusstsein widmet.

Die Unternehmensmission ist mehr als der festgelegte Unternehmenszweck, der z.B. im Handelsregister eingetragen ist. Sie gibt u.a. Antwort auf die Frage, warum es das Unternehmen überhaupt gibt (Legitimitätsfunktion), welche Rolle das Unternehmen in Wirtschaft und Gesellschaft spielt bzw. spielen soll und welches Selbstverständnis das Unternehmen hat.

Von der wahrgenommenen Unternehmensmission ist z.B. abhängig, ob das Unternehmen sich als Profit- oder als Non-Profit-Organisation positioniert, ob lediglich die Mehrung des Shareholder Value und die Verfolgung anderer ökonomischer Ziele als legitime Aufgabe des Managements angesehen wird *(the business of business is business)* oder ob dazu auch die angemessene Berücksichtigung sozialer und gesellschaftspolitischer Ziele gehört.

Unternehmensvision und Unternehmensmission sind eng miteinander verknüpft. Sie bilden die Grundlage für eine weitere wichtige Grundsatzentscheidung: die Wahl der Strategie.

c) Die Unternehmensstrategie in der Balanced Scorecard

Das BSC-Konzept von Kaplan u. Norton weist der *Strategie* insofern eine herausragende Bedeutung zu, als die Hauptaufgabe darin gesehen wird, Strategien in konkrete Ziele, Kennzahlen, Sollwerte und Maßnahmen in den vier unterschiedenen Perspektiven umzusetzen. Trotz langjähriger intensiver Diskussion ist der Strategiebegriff in der Unternehmenspraxis immer noch unscharf und mehrdeutig.

aa) Definition und Notwendigkeit der Strategie

Nach der klassischen Definition der Harvard Business School ist eine Strategie das Resultat eines Planungsprozesses, in dem die Langfristziele sowie die Aktionen und notwendigen Ressourcen zur Erreichung dieser Ziele festgelegt werden (vgl. Chandler 1962, S. 13). Typisches Instrument der Strategieplanung ist die SWOTS-Analyse (SWOT = **S**trengths and **W**eaknesses, **O**pportunities and **T**hreats).

Das BSC-Konzept lässt offen, auf welche Weise die Strategie zustande gekommen ist, ob als Ergebnis eines speziellen Planungsprozesses (= beabsichtigte, geplante Strategie) oder auch nur als Ergebnis einer historischen, eher zufälligen Entwicklung, die den Entscheidern selbst gar nicht bewusst geworden ist (= unbeabsichtigte, ungeplante Strategie). Wichtig erscheint lediglich, dass das Unternehmen eine umsetzungsfähige Strategie verfolgt, die zu Beginn der BSC-Erstellung geklärt bzw. entwickelt werden muss.

Die Notwendigkeit einer Strategie ist unbestritten. Sie erfüllt verschiedene Funktionen:

(1) die Strategie legt die Marschrichtung zur Erreichung des angestrebten Langfristzieles fest. Durch nachfolgende taktische und operative Entscheidungen ist dann die Route ggf. mit festgelegten Teilstrecken und Zwischenzielen auszuarbeiten und schließlich zu begehen;

(2) die Strategie gibt Grundsätze und allgemeine Richtlinien zur Erreichung des angestrebten Langfristzieles an. Taktische und operative Entscheidungen haben dann die Grundsätze und Richtlinien durch Ausführungsbestimmungen und –programme zu konkretisieren und anzuwenden;

(3) die Strategie steckt den Handlungsrahmen zur Erreichung des angestrebten Langfristzieles ab. Dieser Rahmen wird taktisch und operativ ausgefüllt durch realisierbare Einzelentscheidungen und Maßnahmenplanung;

(4) die Strategie legt Schwerpunkte und Prioritäten zur Erreichung des angestrebten Langfristzieles fest und trägt damit zur Bündelung der Kräfte bei. Den nachfolgenden taktischen und operativen Entscheidungen bleibt es überlassen, Schwerpunktprogramme auszuarbeiten und zu realisieren;

(5) die Strategie spezifiziert die benötigten Erfolgspotenziale zur Erreichung des angestrebten Langfristzieles. Das Aufbauen, Entwickeln und Gestalten der benötigten Erfolgspotenziale sowie deren Nutzung ist Aufgabe der taktischen und operativen Entscheidungen.

Die Nachteile einer fehlenden Strategie werden deutlich, wenn manche Manager ihr Unternehmen mit einem führungslos dahintreibenden Schiff vergleichen; *sie vermissen die klare Richtung. Sie stört, dass die Unternehmensleitung nicht am gleichen Strang zieht. Wie Konkurrenten befehden einzelne Unternehmensbereiche sich untereinander. Sie verhalten sich nicht wie Gruppen, die auf gegenseitige, enge Zusammenarbeit angewiesen sind* (Tregoe und Zimmermann 1981, S. 37). Ohne Strategie besteht die Gefahr, dass das Unternehmen sich in zahllose Einzelaktionen verzettelt und ebenso, dass die Richtung nicht durch das Top-Management sondern durch Zufall und/oder von nachgeordneten Managementebenen bzw. externen Stakeholders wie z.B. Banken, Konkurrenten, Behörden etc. bestimmt wird.

Der Ansatz des BSC-Konzepts, zunächst eine Klärung der Strategie zu verlangen und daraufhin eine Methodik zu deren erfolgreichen Umsetzung anzubieten, entspricht dem Stand der strategischen Managementforschung.

bb) Modell eines unternehmerischen Strategiekonzepts

Die meisten Unternehmen, auch kleinere und mittlere, haben ein Strategiekonzept. Dieses ist jedoch häufig

- nicht schriftlich formuliert, sondern nur implizit *in den Köpfen der obersten Entscheidungsträger* vorhanden;
- historisch gewachsen, nicht Ergebnis strategischer Planung;
- unvollständig ausgearbeitet;
- aus Komponenten zusammengesetzt, die nicht oder nur teilweise aufeinander abgestimmt sind.

Hofer und Schendel (1978) beschreiben ein hierarchisch aufgebautes Strategiekonzept, das als Modell für eine vollständig ausgearbeitete, schriftlich fixierte und geplante Strategie dienen könnte. Dabei werden Konzern- bzw. Unternehmensstrategien (*corporate strategies*), Geschäftsfeldstrategien (*business strategies*), Funktionsbereichsstrategien (*functional strategies*) und subfunktionale Strategien (*subfunctional strategies*) unterschieden.

(1) Die Konzern- oder Unternehmensstrategie legt fest
- den Geschäftsrahmen für die Unternehmensaktivitäten;
- die strategischen Geschäftsfelder (= *businesses*) innerhalb des Geschäftsrahmens, also z.B. PKW, LKW, Omnibusse, Dienstleistungen;
- die Schwerpunkte der Unternehmenstätigkeit durch Unterscheidung von Kerngeschäften und Rand- bzw. Neben- und Spezialgeschäften.

Jeder Schritt in ein neues Geschäftsfeld, jeder Rückzug aus einem bestehenden Geschäftsfeld wie auch Schwerpunktverlagerungen der Geschäftstätigkeit sind gleichbedeutend mit einer Änderung der *Corporate Strategy* im oben genannten Sinn.

(2) Die Geschäftsfeldstrategien legen fest, wie, auf welche Weise in jedem der vorab definierten Geschäftsfelder dauerhafte Wettbewerbsvorteile gegenüber Konkurrenten gewonnen werden sollen. Die zahlreichen, in der Unternehmenspraxis bekannten Geschäftsfeldstrategien lassen sich im wesentlichen auf drei Haupttypen zurückführen (vgl. Porter 1985):

- *Kostenführerschaft* (billiger sein!). Anwendungsbeispiele dafür finden sich u.a. im Einzelhandel, in der Energieversorgung, *im Telekommunikationsbereich;*
- *Produktdifferenzierung* (besser sein!), bevorzugt z.B. in der Automobilindustrie und im Maschinenbau;
- *Marktnischenstrategie* (spezialisieren!), typisch z.B. für mittelständische Anbieter von Regeltechnik, Autoantennen, Türschlösser oder Medizintechnik.

Unternehmen, die in mehreren Geschäftsfeldern tätig sind, werden möglicherweise verschiedene Strategien gleichzeitig einsetzen, um dauerhafte Wettbewerbsvorteile zu gewinnen und zu sichern. Kaplan u. Norton ziehen darum die Schlussfolgerung, dass für jede SGE (= strategische Geschäftseinheit) eine gesonderte BSC entwickelt und angewendet werden sollte (vgl. Kaplan u. Norton 1996, S. S. 34f.);

(3) Funktionsbereichsstrategien berücksichtigen die Besonderheiten in den einzelnen Funktionsbereichen. Dazu gehören z.B. Finanz-, Marketing-, Produktions- und Personalstrategien. Sie können sich auf das Gesamtunternehmen, auf einzelne Geschäftsfelder oder auch auf einzelne Werke bzw. Niederlassungen beziehen;

(4) subfunktionale Strategien gelten für Teilbereiche einer Funktion, z.B. innerhalb der Personalfunktion für Personalmarketing, Personalentwicklung, Vergütung etc.

Für die Balanced Scorecard sind die Unternehmens- und Geschäftsfeldstrategien von primärer Bedeutung. Die nachrangigen Funktionsbereichs- und subfunktionalen Strategien sind insofern relevant, als sie die Rahmenbedingungen für das Ausfüllen der BSC-Perspektiven konkretisieren; im übrigen bilden sie den Ausgangspunkt für spezielle Funktions-BSC, z.B. die Personalstrategie für die Personal-BSC.

cc) Überführung der Strategie in Aktionen

Die Besonderheit der BSC besteht in der verfeinerten Methodik zur Umsetzung der ausgearbeiteten Strategie:

(1) Umsetzung in vier Perspektiven (Finanzen, Kunden, Prozesse, Lernen und Entwicklung)
(2) nach gleichem Vier-Phasen-Schema:

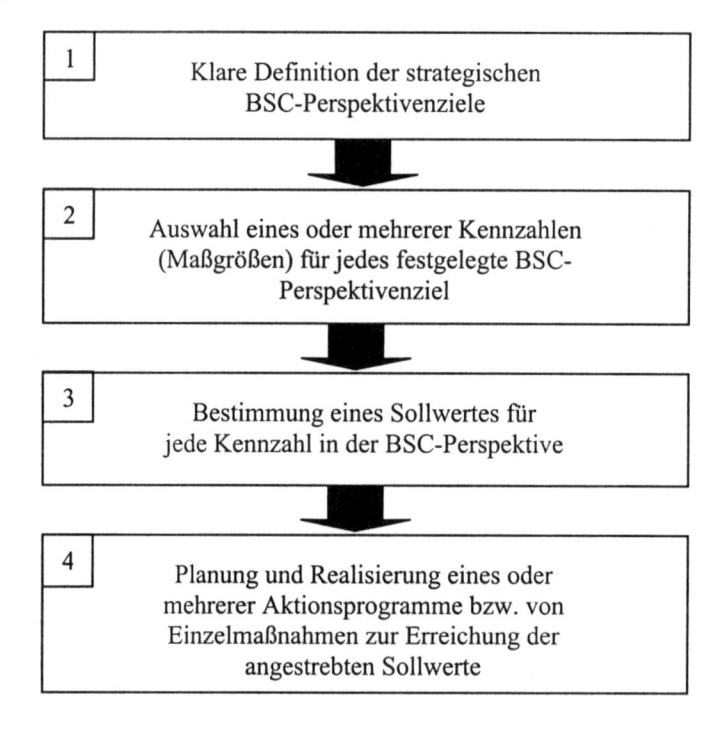

1	Klare Definition der strategischen BSC-Perspektivenziele
2	Auswahl eines oder mehrerer Kennzahlen (Maßgrößen) für jedes festgelegte BSC-Perspektivenziel
3	Bestimmung eines Sollwertes für jede Kennzahl in der BSC-Perspektive
4	Planung und Realisierung eines oder mehrerer Aktionsprogramme bzw. von Einzelmaßnahmen zur Erreichung der angestrebten Sollwerte

Damit wird ein praktikabler Weg aufgezeigt, wie Strategie in Aktionen überführt, strategische Entscheidungen mit taktisch-operativen Entscheidungen (Phase 4) verknüpft werden können. Mit der Festlegung der Maßnahmen wird der Prozess der Balanced Scorecard-Erstellung, wie in Abb. 2 dargestellt, abgeschlossen. Es bietet sich jedoch an, Soll-Ist-Vergleiche folgen zu lassen, die zu Anpassungen in einzelnen Perspektiven führen können. Diese Anpassungen können sich auf die Maßnahmen bei gegebenen Zielen und Sollwerten beschränken oder auch die Änderung der angestrebten Ziele und Sollwerte einbeziehen. In beiden Fällen handelt es sich um sog. *organisationales Lernen*, einmal in der Form des *single loop-learning*, zum anderen in der Form des *double loop-learning* (vgl. z.B. Argyris/Schön 1978). Die mögliche Integration von Konzepten der Lernenden Organisation und der Balanced Scorecard enthält ein hohes, bislang noch wenig beachtetes Potenzial, um die vorherrschende Einperioden-Betrachtung durch Übergang zu einer dynamisierten Mehrperioden-Betrachtung mit einer Abfolge aufeinander aufbauender Balanced Scorecards weiterzuentwickeln.

4.2 Besonderer Stellenwert der finanziellen Perspektive in der Balanced Scorecard

Die Berücksichtigung der finanziellen Perspektive in der BSC ist durch die Tatsache gerechtfertigt, dass Vision und Strategie des Unternehmens längerfristig nur dann realisiert werden können, wenn die Ansprüche der Eigen- und Kapitalgeber nachhaltig erfüllt oder gar übertroffen werden.

Kaplan u. Norton weisen den finanziellen Zielen und Kennzahlen eine Doppelrolle in der BSC zu:
(1) sie definieren die finanzielle Leistung, die von der Strategie erwartet wird
(2) und sie dienen als Endziele für die Ziele und Kennzahlen aller anderen Scorecard-Perspektiven (Kaplan/Norton 1997, S. 46).

Nach diesem Konzept ist die finanzielle Perspektive auf der einen und die Kunden-, Prozess- und Lern- und Entwicklungsperspektive auf der anderen Seite durch Ursache-Wirkungs-Beziehungen verknüpft. Die finanzielle Perspektive gibt gewünschte Sollwerte vor, die durch direkte finanzwirtschaftliche Aktionsprogramme, aber auch durch und mit Hilfe von Entscheidungen und daraus abgeleiteten Maßnahmen in den übrigen BSC-Perspektiven erreicht werden sollen. Erstere enthält somit angestrebte Resultate (Wirkungsvariable, abhängige Variable), letztere wesentliche Enflussfaktoren und Treiber (Ursachenvariable, unabhängige Variable).

In der finanziellen BSC werden traditionelle und neuere finanzielle Unternehmensziele und Kennzahlen zusammengefasst. Häufig genannte strategische Zielsetzungen sind hier Umsatz- und Ertragswachstum, Kostensenkungen und/oder zu erreichende Renditeziele. Neuerdings werden verstärkt Ziele und Kennzahlen wie z.B. Shareholder Value, Economic Value Added (EVA) oder Cash Flow-Größen einbezogen, um die finanzwirtschaftlichen Interessen von Anteilseignern und potentiellen Investoren zu berücksichtigen. Welche finanziellen Ziele und Kennzahlen unter der Vielzahl von Möglichkeiten für die BSC ausgewählt werden, hängt von den jeweigen unternehmens- und situationsspezifischen Gegebenheiten ab. Kaplan u. Norton nennen z.B. die Lebenszyklusphase, in der sich das Unternehmen – oder die einzelnen Strategischen Geschäftseinheiten des Unternehmens - befindet (vgl. Kaplan u. Norton 1997, S. 47): in der Wachstumsphase dominieren typischerweise die Umsatzziele, in der Reifephase die Rentabilitätsziele, während in der Erntephase der Cash Flow an Bedeutung gewinnt.

In der anschließenden Phase der finanziellen Leistungsmessung geht es darum zu prüfen, ob und inwieweit die wirtschaftlichen Perspektiven (= finanzielle Istwerte) mit den angestrebten finanziellen Sollwerten übereinstimmen.

4.3 Die Kundenperspektive in der Balanced Scorecard

Die Forderung nach konsequenter Kundenorientierung aller Unternehmensaktivitäten und -prozesse als existenzielle Vorbedingung für die Gewinnung und Sicherung im Markt findet ihren Niederschlag in der Berücksichtigung einer eigenständigen BSC-Perspektive „Kunde".

a) Die Kernkennzahlen der Kundenperspektive

Kaplan u. Norton geben dazu die folgenden Ziele und Kernkennzahlen als Beispiele an (vgl. Kaplan u. Norton 1997, S. 66):
- Marktanteile auf definierten Zielmärkten;
- Kundenakquisition (Anzahl Neukunden, Umsatz mit Neukunden);
- Kundentreue (Folgeaufträge, Umsatz mit Altkunden);
- Kundenzufriedenheit (Customer Satisfaction Index);
- Kundenrentabilität (Nettogewinn eines Kunden oder eines Kundensegments).

Von besonderer Bedeutung ist dabei die *Kundenzufriedenheit*. Letztere beeinflusst direkt und indirekt *Kundentreue, Kundenaquisition* und *Kundenrentabilität*, nicht zuletzt auch den *Marktanteil*, der z.B. durch verstärkte Akquisition von Neukunden bei hoher Bindung der Altkunden erhöht werden kann.

b) Die Leistungstreiber-Kennzahlen der Kundenperspektive

Die genannten Kernkennzahlen werden durch sog. *Leistungstreiber-Kennzahlen* ergänzt. Letztere beziehen sich auf die Mittel, die das Unternehmen einsetzt, um bei seinen Kunden einen möglichst hohen Grad an Zufriedenheit und Treue bzw. Bindung, die Akquisition von Neukunden und schließlich den gewünschten Marktanteil zu erreichen.

Genannt werden (vgl. Kaplan u. Norton 1997, S. 71ff.).:

- kundenorientierte Produkt- und Serviceeigenschaften, insbesondere Preis und Qualität;
- Pflege der Kundenbeziehungen durch Einsatz kompetenter Mitarbeiter, hohe Erreichbarkeit, anforderungsgerechten Service und schnelle Anpassung an sich ändernde Kundenwünsche;
- positive Präsentation des Unternehmens gegenüber den Kunden durch Imagepflege und Reputation.

c) Methodische Probleme

Die BSC-Kundenperspektive wirft erhebliche methodische Probleme auf. Dies gilt insbesondere für die *soft facts* wie z.B. Kundenzufriedenheit und Produkt- bzw. Servicequalität, die durch Sondererhebungen mit Hilfe von Interviews und/oder Fragebogen ermittelt werden müssen.

4.4 Die interne Prozessperspektive in der Balanced Scorecard

Neben der Kundenperspektive ist die Berücksichtigung der internen Prozessperspektive die zweite wichtige Neuerung der BSC gegenüber den traditionellen, finanzlastigen Steuerungssystemen.

a) Strategische Bedeutung der internen Prozessperspektive

Auf die strategische Bedeutung der internen Prozessperspektive für die Gewinnung und Sicherung dauerhafter Wettbewerbsvorteile hat vor allem die Wertkettenanalyse von M. Porter (1985) aufmerksam gemacht.

Das Unternehmen wird als Wert(schöpfungs)kette, als *Value Chain* interpretiert, die aus miteinander verknüpften Wertaktivitäten (= *Value activities*) besteht, wie z.B. Eingangslogistik, Operationen bzw. Fertigung, Marketing/Vertrieb, Ausgangslogistik und Kundendienst. Diese und andere Wertaktivitäten – z.B. die Unternehmensinfrastruktur, Personalmanagement, F&E, Beschaffung – sind nach Porter *Bausteine der Wettbewerbsvorteile*, weil sie sowohl als Kostenverursacher wie auch als Wert- bzw. Nutzenerzeuger relevant sind. Wer also einen Wettbewerbsvorteil erlangen will, sei es als Kostenführer und/oder als Qualitätsführer, muss bei den Wertaktivitäten ansetzen, sie entweder mit geringeren Kosten ausführen als Konkurrenten oder sie so gestalten, dass sie zur Produktdifferenzierung beitragen.

Durch die Wertkettenanalyse wurde das Denken in Prozessen anstelle des traditionellen Denkens in Strukturen und Funktionen in den Vordergrund des Interesses gerückt und damit die Frage, wie man komplexe Geschäftsprozesse funktions- und bereichsübergreifend optimieren kann. Zum Instrumentarium gehören u.a. die Einführung prozessorientierter, schnittstellenarmer Organisationsstrukturen, der Einsatz von Prozessverantwortlichen, die Entwicklung und Gestaltung innerbetrieblicher Kunden-Lieferanten-Beziehungen, die Anwendung der Prozesskostenrechnung einschließlich Analyse der Kostentreiber in der Wertkette sowie die verstärkte Nutzung von Methoden des Total Quality Management TQM zur Verbesserung der Prozessqualitäten.

b) Modellierung der internen Prozessperspektive nach Kaplan u. Norton

Abweichend von Porter haben Kaplan u. Norton (1997) ein Wertketten-Modell entwickelt, das verstärkt die notwendige Kundenorientierung als Ausgangspunkt und Endpunkt aller Geschäftsprozesse betont (vgl. Abb. 3)

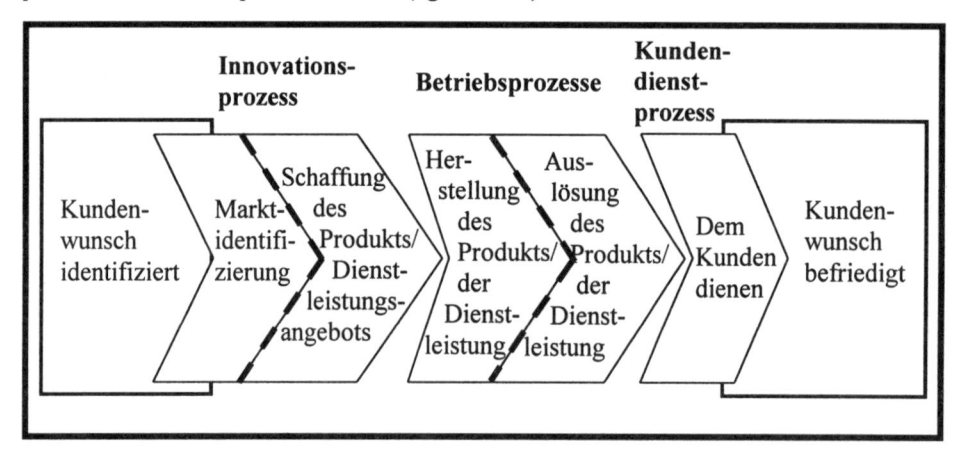

Abb. 3: Modellierung der internen Prozessperspektive durch die Wertkette (vgl. Kaplan u. Norton 1997, S. 93)

Die Wertkette von Kaplan u. Norton unterscheidet drei Hauptgeschäftsprozesse zur Erreichung finanzieller Ziele und Kundenziele:

(1) den Innovationsprozess mit den Teilprozessen *Identifizierung von aufkommenden und latenten Kundenwünschen* (Marktforschung) und *Entwicklung von neuen Pro-*

dukten und Dienstleistungen (F&E), die zur Befriedigung der erkannten Kundenwünsche geeignet sein könnten;

(2) den Betriebsprozess, der mit dem Eingang einer Bestellung beginnt und mit der Lieferung des erstellten Produkts oder der Dienstleistung an den Kunden endet (Fertigung und Logistik);

(3) den Kundendienstprozess, der alle Serviceleistungen für den Kunden nach dem eigentlichen Kauf eines Produktes oder einer Dienstleistung, so z.B. Garantie- und Wartungsarbeiten, die Bearbeitung von Fehlern, Reklamationen, Inkassovorgängen etc. und ggf. das Training für die Mitarbeiter des Kundenunternehmens beinhaltet.

Das Modell hebt die Wichtigkeit der Innovation und des Kundendienstes hervor, indem diese Prozesse gleichrangig neben die Betriebsprozesse gestellt und als gleich wichtig behandelt werden. Insbesondere fällt die durchgängige Kundenorientierung als Gestaltungsprinzip der BSC-Prozessperspektive auf, die von den Unternehmen situationsgerecht umgesetzt werden soll. Marketingfachleute, F&E-Spezialisten und Fertigungsingenieure sind nach diesem Konzept gefordert, eng zusammenzuarbeiten und durch Teamarbeit zu versuchen, alten und neuen Kunden immer wieder neue attraktive und kostengünstige Problemlösungen zum richtigen Zeitpunkt anzubieten.

c) Ziele und Kennzahlen für die interne Prozessperspektive

Die Ziele für die Prozessperspektive sind abgeleitet aus der Zwecksetzung der Geschäftsprozesse, die für Kunden und Kapitalgeber formulierten Ziele und Sollwerte zu verwirklichen. Typische Prozessziele sind:

- Prozesszeiten verkürzen (schneller werden),
- Prozessqualitäten verbessern (besser werden),
- Prozesskosten senken (billiger werden).

Wenn z.B. die Auftragsbearbeitungszeiten zuverlässig verkürzt werden können (Prozessperspektive), dann können die Kunden schneller/pünktlicher bedient und die Kundenzufriedenheit erhöht werden (Kundenperspektive), wodurch günstige Voraussetzungen für einen verbesserten finanziellen Erfolg geschaffen werden. Ähnliche Vorteile für das Unternehmen sind zu erwarten, wenn es gelingt, die Prozessqualitäten entscheidend zu verbessern und/oder die Prozesskosten zu reduzieren.

Von Kaplan u. Norton werden eine größere Zahl von prozessspezifischen Kennzahlen genannt und zur Anwendung empfohlen (vgl. Tab. 1).

Teilprozesse	Typische Kennzahlen (Beispiele)
1. Innovationsprozess	<ul><li>Umsatzanteil der neuen Produkte;</li><li>Anzahl neuer Produkte im Vergleich zur Konkurrenz;</li><li>*Time to Market*;</li><li>Zeit vom Anfang der Produktentwicklungsarbeit bis zum Break even-Zeitpunkt (Break even-Time).</li></ul>
2. Betriebsprozess	<ul><li><u>Kennzahlen zur Prozesszeit</u>, z.B. Länge der Durchlaufzeit, Quotient aus Be- oder Verarbeitungszeit und Durchlaufzeit und andere Prozesszeit-Kennzahlen;</li><li><u>Kennzahlen zur Prozessqualität</u>, z.B. Fehlerquote, Ausbeute, Materialabfall, Nacharbeit, Rücksendungen und andere Prozessqualitäts-Kennzahlen;</li><li><u>Prozesskostenkennzahlen</u> nach Prozesskostenrechnung.</li></ul>
3. Kundendienstprozess	<ul><li>Prozesszeit-, Prozessqualitäts- und Prozesskostenkennzahlen analog Betriebsprozess.</li></ul>

Tab. 1: Prozessbezogene Kennzahlen nach Kaplan u. Norton (vgl. Kaplan u. Norton 1997, S. 97ff.)

Ein großer Teil der genannten Kennzahlen gehört mittlerweile zum Standard-Kennzahlenbestand in vielen gut geführten Unternehmen. Dies gilt zumindest für die laufenden Betriebsprozesse, die durch die Einführung des Total Quality Management, durch verstärkte Gruppenarbeit und andere prozessoptimierende Konzepte besondere Beachtung gefunden haben. Es ist das Verdienst der BSC, die traditionelle Fokussierung auf die Verbesserung der Betriebsprozesse durchbrochen und die mindestens ebenso wichtigen vor- und nachgelagerten Innovations- und Kundendienstprozesse als steuerungsbedürftige Teilprozesse in die Betrachtung einbezogen zu haben.

4.5 Die Lern- und Entwicklungsperspektive in der Balanced Scorecard

Die Lern- und Entwicklungsperspektive bildet gewissermaßen den Schlussstein in der Architektur der BSC. In ihr findet die Bedeutung der MitarbeiterInnen als wichtigste Ressource im Unternehmen eine angemessene Berücksichtigung. Von ihnen hängt entscheidend ab, ob und wie die Ziele und Sollwerte der übrigen BSC-Perspektiven erreicht werden.

a) Personelle Voraussetzungen der Zielerreichung in der Finanz-, Kunden- und Prozessperspektive der BSC

Kaplan u. Norton unterscheiden drei wesentliche Voraussetzungen, die vorhanden sein müssen, damit die Ziele und Sollwerte in den einzelnen BSC-Perspektiven bestmöglich erreicht und immer wieder noch anspruchsvollere Ziele und Sollwerte gesetzt werden können (vgl. Kaplan u. Norton 1997, S. 121ff.):

(1) qualifizierte MitarbeiterInnen in angemessener Zahl (*Mitarbeiterpotenziale*);

(2) bedarfsgerecht informierte MitarbeiterInnen (*Potenziale von Informationssystemen*);

(3) Motivation, Empowerment und Zielausrichtung von Individuen, Teams und Organisationseinheiten.

Bei gegebenen personellen Voraussetzungen wird die Lern- und Entwicklungsperspektive ggf. zum Engpassfaktor, der die Setzung anspruchsvoller Ziele und Sollwerte in den anderen Perspektiven begrenzt. Beispiel dafür ist die Begrenzung von Wachstumszielen durch den aktuellen Mangel an Informatikern und anderen Hochqualifizierten. Andererseits sind die personellen Voraussetzungen in einem hohen Maße beeinflussbar, insbesondere durch Entscheidungen und Maßnahmen des Personalmanagements. Es stellt sich dann die Frage, welche personellen Voraussetzungen geschaffen werden müssen, damit die vorab definierten Ziele in der Finanz-, Kunden- und Prozessperspektive erreicht werden können.

b) Ziele und Kennzahlen für die Lern- und Entwicklungsperspektive

Im BSC-Konzept von Kaplan u. Norton dient die Lern- und Entwicklungsperspektive primär als Treiber der zukünftigen Entwicklung des Unternehmens. Dies wird deutlich in der These: *Ziele der Lern- und Entwicklungsperspektive sind die treibenden Faktoren für hervorragende Ergebnisse der ersten drei Scorecard-Perspektiven* (Kaplan u. Norton 1997, S. 121).

Die Frage nach den Zielen und Kennzahlen der Lern- und Entwicklungsperspektive ist somit für das BSC-Konzept von zentraler Bedeutung. Es werden unterschieden (vgl. Kaplan u. Norton 1997, S. 123ff.):

- Personalbezogene Kernziele und Kernkennzahlen;
- Situationsspezifische Antriebskräfte für Lernen und Wachstum.

Ad 1: Personalbezogene Kernziele und Kernkennzahlen

Dazu gehören insbesondere
- hohe Mitarbeiterzufriedenheit;
- hohe Mitarbeitertreue, d.h. Bindung wichtiger MitarbeiterInnen an das Unternehmen;
- hohe Mitarbeiterproduktivität als Ergebnis erhöhter Mitarbeiterfähigkeiten.

Von diesen wird vor allem der <u>Mitarbeiterzufriedenheit</u> die Rolle eines Treibers zuerkannt, die sich positiv auf *Mitarbeitertreue* und *Mitarbeiterproduktivität*, aber auch auf die *Kundenperspektive* auswirkt: Mitarbeiterzufriedenheit gilt als wesentliche Voraussetzung für Kundenzufriedenheit (vgl. Kaplan u. Norton 1997, S. 124).

Ad 2: Situationsspezifische Antriebskräfte für Lernen und Wachstum

Unter der Bezeichnung *situationsspezifische Antriebskräfte* fassen Kaplan u. Norton Einflussfaktoren der personalbezogenen Kernziele und Kernkennzahlen zusammen, die drei Hauptkategorien, den sog. *Befähiger* zugeordnet werden können:
- Weiterbildung der MitarbeiterInnen, um die vorhandenen Kompetenzen an die aktuellen und zukünftigen Erfordernisse anzupassen (Mitarbeiterpotenziale);
- Information der MitarbeiterInnen über Kunden, interne Prozesse und über die finanziellen Konsequenzen ihrer Entscheidungen (Potenziale von Informationssystemen);
- Motivation der MitarbeiterInnen, deren Freiheit zum selbständigen Entscheiden und Handeln (= *empowerment*) und nicht zuletzt die Abstimmung der Mitarbeiterziele mit den Unternehmenszielen, die in der Balanced Scorecard formuliert sind.

Im Verhältnis zueinander stellen die erstgenannten *personalbezogenen Kernziele* Ergebnisziele dar, während die „situationsspezifischen Antriebskräfte" als Leistungstreiber wirksam sind. Wer die Ergebnisziele positiv beeinflussen möchte, sollte demnach bei den Leistungstreibern beginnen, also gezielt Weiterbildung, Information und Motivation verbessern.

4.6 Bewertung der Architektur

Damit ist in groben Zügen die Architektur der Balanced Scorecard dargestellt. Bei der Bewertung fällt auf, dass keine der Systemkomponenten der Balanced Scorecard den Anspruch erheben kann, auf Erkenntnisse aufzubauen, die man als neu oder neuartig in Wissenschaft und/oder Praxis bezeichnen kann. Der besondere Wert der Balanced Scorecard ergibt sich aus der gelungenen Gesamtschau von Sachverhalten, die bis dahin meist isoliert und unabhängig voneinander in gesonderten Fachdiskussionen von Spezialisten thematisiert werden: die Lern- und Entwicklungsperspektive als Gegenstandsbereich des Personalmanagement, die Kundenperspektive als Gegenstandsbereich des Marketing, die Prozessperspektive als Gegenstandsbereich von Rationalisierungsfachleuten und schließlich die Finanzperspektive als Gegenstandsbereich des Controlling. Diese verschiedenen Bereiche werden nun unter dem Dach der Balanced Scorecard zusammengeführt und miteinander verknüpft.

5. Erarbeitung einer unternehmensspezifischen Balanced Scorecard

Viele Unternehmen sind dabei, eine Balanced Scorecard für das Gesamtunternehmen oder für einzelne Strategische Geschäftseinheiten zu erarbeiten. Dies geschieht im Regelfall durch ein Projektteam ohne oder mit externer Experten-Unterstützung in einem mehrmonatigen Prozess.

5.1 Grundthesen zur Erarbeitung einer Balanced Scorecard im Unternehmen

Vorliegende Erfahrungen bei der Erarbeitung von Balanced Scorecards in verschiedenen Unternehmen lassen sich wie folgt zusammenfassen:

(1) Auszugehen ist von der Vision und Strategie des Unternehmens bzw. der Strategischen Geschäftseinheit, für die die Balanced Scorecard erarbeitet werden soll. Nach dem Motto *From strategy to action* wird die Erarbeitung als *Top to down-Prozess* angelegt, nicht als *Bottom up-Prozess*;

(2) je nach Ausgangslage des Unternehmens (vgl. 5.2) ist die Erarbeitung der Balanced Scorecard ein mehr oder weniger zeitaufwendiger und arbeitsintensiver Prozess. In jedem Fall muss das Management genügend Zeit für die Erarbeitung der Balanced Scorecard einplanen. Dieser Zeitaufwand kann durch externe Unterstützung allerdings erheblich reduziert werden;

(3) neben der Zusammensetzung des Projektteams ist vor allem die Handlungskompetenz des/der Projektverantwortlichen von größter Bedeutung für die erfolgreiche Erarbeitung der Balanced Scorecard. Idealtypisch ist der Projektverantwortliche Fachpromoter und Machtpromoter zugleich. Ansonsten ist ein optimales Zusammenspiel von Fachpromoter und Machtpromoter wichtig;

(4) die Erarbeitung der Balanced Scorecard bietet gute Chancen für das *Organisationale Lernen* über Abteilungs- und Bereichsgrenzen hinweg. Der Prozess der Erarbeitung ist daher mindestens ebenso wichtig wie das Resultat – die ausgefüllte und autorisierte Balanced Scorecard;

(5) das Konzept der Balanced Scorecard mit präzis definierten Zielen und Sollwerten, an denen die erreichten Ergebnisse gemessen werden können, wird nicht ohne weiteres auf die ungeteilte Zustimmung aller MitarbeiterInnen stoßen. Die Erarbeitung der Balanced Scorecard muss daher durch ein innerbetriebliches Projektmarketing mit

dem Ziel der Akzeptanzgewinnung und Überwindung offener und/oder versteckter Widerstände flankiert werden;

(6) die Wahrscheinlichkeit des Scheiterns bei der erstmaligen Erarbeitung der Balanced Scorecard ist deutlich geringer als die Wahrscheinlichkeit, dass die Balanced Scorecard nach der Einführung nicht mehr regelmäßig aktualisiert und angewendet wird, sondern unter dem Druck des Tagesgeschäfts ohne großes Aufheben „zur Seite gelegt" wird. Die Arbeit des Projektverantwortlichen endet daher nicht mit der erstmaligen Erarbeitung der Balanced Scorecard, sondern ist als Daueraufgabe zu institutionalisieren.

5.2 Die Ausgangslage der Unternehmen

Die Ausgangslage der Unternehmen bei der Erarbeitung der Balanced Scorecard ist sehr unterschiedlich. Entsprechend unterschiedlich ist der erforderliche Arbeitsaufwand des Projektteams (vgl. Abb. 4).

Komponenten der BSC	Typische Ausgangslagen			
	A	B	C	D
(1) Unternehmensvision			x	x
(2) Umsetzungsfähige Unternehmensstrategie			x	x
(3) Ziele und Kennzahlen für BSC-Perspektive		(x)	(x)	x
(4) Kennzahlenbezogene Vorgaben für BSC-Perspektiven		(x)	(x)	x
(5) Maßnahmen zur Realisierung der Vorgaben		(x)	(x)	x
(6) Verknüpfung der Perspektiven				

Anmerkungen: x = Informationen vollständig oder annähernd vollständig vorhanden;
(x) = Informationen teilweise vorhanden

Abb. 4: Typische Ausgangslagen für die Erarbeitung der Balanced Scorcard

Der Arbeitsaufwand ist offensichtlich am größten in Ausgangslage A, da keinerlei verwertbare Informationen vorliegen und sämtliche Komponenten der Balanced Scorecard erarbeitet werden müssen. Diese Ausgangslage ist auch dann gegeben, wenn zwar Informationen vorliegen, aber nicht genutzt werden sollen, um ohne Rücksicht auf das bereits Bestehende die Balanced Scorecard nach dem *Zero-Base-Budgeting*-Prinzip zu erstellen.

Der Arbeitsaufwand ist tendenziell am geringsten in Ausgangslage D, in der alle benötigten Informationen für die Komponenten (1) – (5) der Balanced Scorecard bereits vorliegen. Das betrachtete Unternehmen hat seine Vision und Strategie bereits dokumentiert, Ziele und Kennzahlen sind Bestandteil eines praktizierten MbO-Führungssystems in allen Bereichen und auf allen Hierarchieebenen, ebenso die entsprechenden Vorgaben und die Maßnahmen zur Zielerreichung. Im Extremfall könnte sich die Erarbeitung der Balanced Scorecard auf das Sichten, Sortieren und Zuordnen der bereits vorhandenen Informationen zu den einzelnen Perspektiven beschränken. Wahrscheinlicher ist jedoch, dass in der Ausgangslage D zu viel statt zu wenig Information vorhanden sein wird; aus der vorhandenen Informationsflut sind dann diejenigen Ziele, Kennzahlen, Sollwerte und Maßnahmen herauszufiltern, die für die Umsetzung der Vision und Strategie besonders wichtig sind. Dies mag nicht weniger arbeitsaufwendig sein als die Erarbeitung *von Grund auf*. Nicht zuletzt bleibt als Aufgabe, die einzelnen Perspektiven miteinander zu verknüpfen.

Die Ausgangslagen B und C kennzeichnen häufig anzutreffende Ausgangslagen in der Unternehmenspraxis. In B hat das betrachtete Unternehmen keine ausgearbeitete Vision und Strategie; diese müssen erst in einem Visions- und Strategiefindungsprozess erarbeitet werden. Ziele und Kennzahlen, Vorgaben und Maßnahmen sind teilweise vorhanden. Nach Festlegung der Unternehmensstrategie ist zu prüfen, welche davon strategierelevant sind und in die Balanced Scorecard übernommen werden sollen, ebenso, welche notwendigen Informationen fehlen und ergänzt werden müssen.

In der Ausgangslage C reduziert sich der Arbeitsaufwand zur Erarbeitung der Balanced Scorecard, weil Vision und Strategie des Unternehmens bereits vorhanden bzw. ohne weiteres aus vorliegenden Dokumenten (Strategiepapiere, Unternehmensgrundsätze etc.) entnommen werden können. Es bleibt die Aufgabe, vorhandene Ziele, Kennzahlen, Sollwerte und Maßnahmen auf ihre BSC-Eignung zu prüfen, zu übernehmen bzw. zu ergänzen und ggf. zu modifizieren.

In allen betrachteten Ausgangslagen A – D stellt sich das Problem der Verknüpfung der verschiedenen Perspektiven.

5.3 Ablaufmodelle der Balanced-Scorecard-Erarbeitung

Die Erarbeitung der Balanced Scorecard kann auf verschiedene Weise erfolgen. Im folgenden werden zwei Ablaufmodelle beschrieben, die sich in der Unternehmenspraxis bewährt haben. Während das Standard-E-Modell sich primär an den Entscheidungsphasen orientiert und für alle Perspektiven zunächst die Ziele, dann die Kennzahlen und Sollwerte und schließlich die Aktionsprogramme festlegt, sieht das Standard-P-Modell die sukzessive Bearbeitung der einzelnen Perspektiven vor.

Schritte	Standard-E-Modell	Standard-P-Modell
1	Projektauftrag definieren, Projektteam zusammenstellen, Arbeits- und Zeitplan bestimmen	Projektauftrag definieren, Projektteam zusammenstellen, Arbeits- und Zeitplan bestimmen
2	Vision, Mission und Strategie des Unternehmens festlegen ▪ Vorbereitung (Workshop-Planung) ▪ Erster Workshop (Klärung von Vision, Mission und Strategie) ▪ Nachbereitung/Zwischenbericht Nr. 1	Vision, Mission und Strategie des Unternehmens festlegen ▪ Vorbereitung (Workshop-Planung) ▪ Erster Workshop (Klärung von Vision, Mission und Strategie) ▪ Nachbereitung/Zwischenbericht Nr. 1
3	Strategische Perspektivenziele bestimmen ▪ Vorbereitung (Workshop-Planung) ▪ Zweiter Workshop (Zielbestimmung für alle Perspektiven) ▪ Nachbereitung/Zwischenbericht Nr. 2	Finanzperspektive erarbeiten (Ziele, Kennzahlen, Maßgrößen, Aktionsprogramme) ▪ Vorbereitung (Info.Beschaffung, Workshop-Planung) ▪ Zweiter Workshop (Finanzperspektive) ▪ Nachbereitung/Zwischenbericht Nr. 2
4	Maßgrößen bestimmen ▪ Vorbereitung (Workshop-Planung) ▪ Dritter Workshop (Maßgrößen für alle Perspektiven) ▪ Nachbereitung/Zwischenbericht Nr. 3	Kundenperspektive erarbeiten (Ziele, Kennzahlen, Maßgrößen, Aktionsprogramme) ▪ Vorbereitung (Info.Beschaffung, Workshop-Planung) ▪ Dritter Workshop (Kundenperspektive) ▪ Nachbereitung/Zwischenbericht Nr. 3

5	Sollwerte bestimmen - Vorbereitung (Workshop-Planung) - Vierter Workshop (Sollwerte für alle Perspektiven) - Nachbereitung/Zwischenbericht Nr. 4	Prozessperspektive erarbeiten (Ziele, Kennzahlen, Maßgrößen, Aktionsprogramme) - Vorbereitung (Info.Beschaffung, Workshop-Planung) - Vierter Workshop (Prozessperspektive) - Nachbereitung/Zwischenbericht Nr. 4
6	Aktionsprogramme bestimmen - Vorbereitung (Workshop-Planung) - Fünfter Workshop (Aktionsprogramme für alle Perspektiven) - Nachbereitung/Zwischenbericht Nr. 5	Lern- und Entwicklungsperspektive erarbeiten (Ziele, Kennzahlen, Maßgrößen, Aktionsprogramme) - Vorbereitung (Info.Beschaffung, Workshop-Planung - Fünfter Workshop (Lern- u. Entwicklungsperspektive) - Nachbereitung/Zwischenbericht Nr. 5
7	Abschlusspräsentation	Abschlusspräsentation

Abb. 5: Standardmodelle der Balanced Scorecard-Erarbeitung

Offen bleibt, welches dieser Standard-Ablaufmodelle sich langfristig am besten hinsichtlich Qualität der Resultate und hinsichtlich der jeweiligen Projektfortschritte bewähren wird. Bei der Auswahl werden die jeweilige Ausgangslage (vgl. 5.2), die Zusammensetzung des Projektteams und persönliche Präferenzen sowie verschiedene situative Einflüsse eine maßgebliche Rolle spielen.

Von der Ausgangslage wird auch abhängen, ob und inwieweit eine Verkürzung der dargestellten Abläufe möglich ist. Eine andere Frage ist, ob eine an sich mögliche Verkürzung sinnvoll ist, wenn die Erarbeitung der Balanced Scorecard als Musterbeispiel für Organisationales Lernen geplant und organisiert werden soll.

6. Aktive Rollen der Personalabteilung im Prozess der Balanced Scorecard-Erstellung

Im Prozess der Balanced Scorecard-Erstellung können der Personalabteilung verschiedene aktive Rollen zufallen:

(1) die Personalabteilung als Informationslieferant für das BSC-Projektteam;

(2) die Personalabteilung als Mitglied des BSC-Projektteams;

(3) die Personalabteilung als Träger des BSC-Projekts.

Ad 1: die Personalabteilung als Informationslieferant für das BSC-Projektteam

Sofern die Personalabteilung nicht Mitglied des verantwortlichen BSC-Projektteams ist, wird sich ihre Rolle im wesentlichen darauf beschränken, auf Anfrage des Projektteams die benötigten Informationen zur Verfügung zu stellen. Grundsätzlich werden für alle Perspektiven der Balanced Scorecard personalbezogene Informationen benötigt, an deren Beschaffung, Verarbeitung und Weitergabe die Personalabteilung in irgendeiner Form beteiligt ist. Dies gilt insbesondere für die Lern- und Entwicklungsperspektive, die mit relevanten Zielen, Kennzahlen, Sollwerten und Aktionsprogrammen auszufüllen zur Domäne der Personalabteilung gehören dürfte.

Ad 2: die Personalabteilung als Mitglied des Projektteams

Da wichtige Teilbereiche der Balanced Scorecard die aktive Mitarbeit der Personalabteilung erforderlich machen, wird es in vielen Fällen zweckmäßig sein, einen Experten der Personalabteilung als gleichberechtigtes Mitglied in das BSC-Projektteam aufzunehmen. Gelegentlich wird der Vertreter der Personalabteilung die professionelle Moderation der Projektteamsitzung übernehmen, wenn spezielle Moderations-, Kommunikations- und Kooperationstechniken benötigt werden, um den Projektfortschritt zu optimieren.

Ad 3: die Personalabteilung als Träger des BSC-Projekts

Die Personalabteilung kommt vor allem dann als hauptverantwortlicher Träger des BSC-Projekts in Betracht, wenn eine spezielle Balanced Scorecard erstellt werden soll
- entweder alleinverantwortlich durch Personalleiter, Personalreferenten, Personalcontroller, ggf. unterstützt durch externe Berater oder
- federführend in Zusammenarbeit mit Experten aus dem Controllingbereich und/oder anderen Bereichen.

In verschiedenen Unternehmen kommt der Erarbeitung der Balanced Scorecard Personal ein Modellcharakter für andere Funktions-Balanced Scorecards wie auch für die Unternehmens-Balanced Scorecard zu. Diesem Thema, der Erarbeitung der Balanced Scorecard Personal, sind die nachstehenden Sonderbeiträge verschiedener Autoren im vorliegenden Tagungsband gewidmet.

7. Ansatzmöglichkeiten zur Komplettierung und Weiterentwicklung der Balanced Scorecard

Bei der Anwendung des Balanced Scorecard-Konzepts zur Unternehmenssteuerung zeigen sich eine Reihe von Ansatzmöglichkeiten, wie die Balanced Scorecard komplettiert und weiterentwickelt werden könnte. Dazu gehören insbesondere:

(1) die verbesserte bzw. erweiterte Instrumentierung der Balanced Scorecard, um den Anwender darin zu unterstützen, Vision und Strategie zu bestimmen sowie die Ziele, Kennzahlen, Sollwerte und Maßnahmen in den einzelnen Perspektiven festzulegen. Dies ist um so wichtiger, als in vielen Unternehmen Vision und Strategie noch nicht definiert sind und die benötigten Informationen für die Perspektiven häufig erst erarbeitet werden müssen;

(2) die explizite Berücksichtigung der Istwerte in den einzelnen Perspektiven als Ausgangspunkte für die Festlegung von Sollwerten. Erfahrungsgemäß ist es schwierig, ohne Kenntnis der Istwerte realistische Sollwerte für die Zukunft zu bestimmen. Auch wird oftmals erst beim Soll-Ist-Vergleich deutlich, ob und inwieweit Handlungsbedarf besteht, der mit Vorrang durch geeignete Aktionsprogramme beseitigt werden soll;

(3) Hilfen zur Verknüpfung der Perspektiven, so z.B. durch eine verbesserte theoretische Fundierung der Zusammenhänge. Ohne sie erscheinen die vorgenommenen Verknüpfungen in der Unternehmenspraxis häufig als bloße Pflichtübung ohne praktische Bedeutung für die Unternehmenssteuerung;

(4) Antwort auf die Frage, wie die MitarbeiterInnen des Unternehmens dazu motiviert werden können, die Sollwerte und Maßnahmen, die in der Balanced Scorecard festgeschrieben werden zu realisieren. Vorschläge von Kaplan u. Norton besondere monetäre Anreize anzubieten, gehen in die richtige Richtung, sind aber ergänzungsbedürftig;

(5) die Ergänzung der Balanced Scorecard durch das Konzept der Lernenden Organisation, das die möglichen Reaktionen auf wahrgenommene Soll-Ist-Abweichungen thematisiert und Wege aufzeigt, wie Organisationales Lernen in Form des Single Loop-Learning und Double Loop-Learning gefördert werden kann;

(6) die Bereitstellung geeigneter EDV-Unterstützung, um die Verwaltung und regelmäßige Aktualisierung der Balanced Scorecard zu optimieren. Erste Konzepte dafür liegen bereits vor.

Nicht zuletzt muss weiter daran gearbeitet werden, wie Balanced Scorecards auf Konzern-, Unternehmens-, Geschäftsbereichs- und Funktionsebene optimal aufeinander abgestimmt werden können.

8. Literaturhinweise

Argyris, C./**Schön**, D.A.: Organizational Learning. A Theory of Action Perspective, Reading 1978

Chandler, D.: The History of American Industrial Enterprise, Cambridge 1962

Edvinsson, L./**Malone**, M.S.: Intellectual Capital. The proven way to establish your company's real value by measuring its hidden brainpower, London 1997

Hofer, C.W./**Schendel**, D.: Strategy Formulation. Analytical Concepts, St. Paul 1978

Kaplan, R.S./**Norton**, D.P.: The Balanced Scorecard. Translating Strategy into Action, Boston 1996

Porter, M.: Competitive Advantage. Creating and Sustaining Superior Performance, New York 1985

Tregoe, B.B./**Zimmermann**, J.W.: Top-Management-Strategie. Der Schlüssel zum erfolgreichen Management, Zürich 1981

Prof. Dr. Karl-Friedrich Ackermann

Anwendungsmöglichkeit der Balanced Scorecard im Personalbereich

Inhaltsverzeichnis

1. Notwendigkeit einer BSC-Eignungsprüfung der Personalabteilung 49

2. Voraussetzungen für die BSC-Eignung der Personalabteilung 50

3. Umsetzbare Personalstrategien als Anwendungsvoraussetzung der BSC-Personal 52
   - 3.1 Ergebnisse der empirischen Personalstrategieforschung 52
   - 3.2 Unterschiedliche Ausgangssituationen in der Unternehmenspraxis 53
   - 3.3 Abstimmungsprozesse zwischen Personalstrategie und Unternehmensstrategie 54
   - 3.4 Typen von Personalstrategien 55

4. Neue Betrachtungsweise: Übertragbarkeit des Wertkettenmodells auf die Aktivitäten der Personalabteilung 56
   - 4.1 Das Standard-Wertketten-Modell von Porter 56
   - 4.2 Das modifizierte Wertketten-Modell von Kaplan u. Norton 59
   - 4.3 Unterschiedliche Entwicklungsstände der Personalabteilung 60

5. Verfügbarkeit von relevanten Personalkennzahlen 63
   - 5.1 Hohe Anforderungen an die Zielformulierung 63
   - 5.2 Das Personal-Kennzahlen-System von Schulte 63
   - 5.3 Beispiele für Soft fact-Kennzahlen in der BSC-Personal 67

6. BSC-Personal in Aktion: Demonstrationsbeispiel *Deutschland Subsample AG* 68
   - 6.1 Hauptziele, Kennzahlen und Sollwerte 68
   - 6.2 Die Hauptaktivitäten des Personalmanagement 70
   - 6.3 Ursache-Wirkungs-Beziehungen innerhalb und zwischen den BSC-Perspektiven 70
   - 6.4 Unterschiedliche Ausformungen der BSC-Personal 72

7. Zusammenfassung 74

8. Literaturhinweise 75

1. Notwendigkeit einer BSC-Eignungsprüfung der Personalabteilung

Grundsätzlich besteht die Möglichkeit, Balanced Scorecards für Unternehmen (= Unternehmens-BSC) und/oder für verschiedene Organisationseinheiten eines Unternehmens zu erstellen und anzuwenden. Nach Kaplan u. Norton kommen in Betracht (vgl. Kaplan u. Norton 1997, S. 290f):

(1) Geschäftsbereiche (Bereichsspezifische BSCs);

(2) strategische Geschäftseinheiten SGE (SGE-spezifische BSCs);

(3) einzelne Organisationseinheiten in SGE (Abteilungs-BSCs, Funktionseinheits-BSCs).

Als natürlicher Ansatzpunkt für die BSC-Erstellung gelten SGEn mit der Begründung, dass die SGE eine vollständige Wertkette darstellt, für die eine eigenständige Strategie formuliert werden kann; dagegen sind Unternehmen und Geschäftsbereiche häufig zu groß und komplex, Organisationseinheiten in SGE eher zu klein für die BSC. Es ist daher keineswegs selbstverständlich, dass die Personalabteilung die Voraussetzungen erfüllt, um eine funktionsspezifische BSC-Personal zu erarbeiten und anzuwenden.

Die notwendige BSC-Eignungsprüfung der Personalabteilung wirft zwei Fragen auf, die für alle Unternehmen und Verwaltungen mit eigener Personalabteilung relevant sind:

(1) welche Voraussetzungen müssen Personalabteilungen erfüllen, um BSC-geeignet zu sein?;

(2) können Personalabteilungen diese Voraussetzungen erfüllen?

Beide Fragen sind zunächst zu beantworten, bevor anhand eines Demonstrationsbeispiels die praktische Anwendbarkeit einer BSC-Personal gezeigt werden soll (vgl. Abschn. 6 des vorliegenden Beitrags).

2. Voraussetzungen für die BSC-Eignung der Personalabteilung

Nach Kaplan u. Norton ist eine Organisationseinheit dann BSC-geeignet, wenn drei Voraussetzungen erfüllt werden (vgl. Kaplan u. Norton 1997, S. 290f.):

(1) Eigene Strategie der Organisationseinheit vorhanden bzw. entwickelbar;

(2) Aktivitäten der Organisationseinheit umfassen vollständige Wertkette;

(3) Kennzahlen für Organisationseinheit in der geforderten Art und Anzahl vorhanden bzw. entwickelbar.

Diese Voraussetzungen sind in Abb. 1 - ergänzt durch typische Fragestellungen - dargestellt, aus denen konkrete Forderungen an die Personalabteilung abgeleitet werden.

Die genannten Kriterien sind äußerst anspruchsvoll und werden sicherlich nicht von jeder Personalabteilung erfüllt. Dies gilt insbesondere für die geforderte Strategieorientierung der Personalarbeit wie auch für die geforderte neue Betrachtungsweise der Personalarbeit als Wertkette. Wie noch im Einzelnen zu zeigen sein wird, setzt BSC-Personal einen hohen Entwicklungsstand der Personalabteilung voraus, wie er im Organisationsmodell *Personalabteilung als Profit Center* und anderen Konzepten der unternehmerischen Personalarbeit bereits vorgedacht und in Ansätzen bereits realisiert ist.

Voraussetzungen (Eignungskriterien)	Typische Fragestellungen	Abgeleitete Forderungen an Personalabteilung
1. Eigene Strategie der Org.Einheit	(1) Benötigt die Org.Einheit eine Strategie, um ihre Mission erfüllen zu können?; (2) kann für die Org.Einheit eine eigene Strategie formuliert werden?;	• Notwendigkeit einer strategischen Orientierung der Personalarbeit erkennen; • Personalstrategien erarbeiten/überprüfen; • Personalstrategien explizit formulieren; • Personalstrategien umsetzen;
2. Org.Einheit als Wertkette	(3) erstrecken sich die Aktivitäten der Org.Einheit über eine vollständige Wertkette mit Innovation, Produktion, Marketing, Vertrieb und Service?; (4) hat die Org.Einheit ihre eigenen Produkte und Kunden?; (5) hat die Org.Einheit ihr eigenes Marketing, eigene Vertriebswege und eigene Produktionsstätten?;	• Personalarbeit als ganzheitlicher Wertschöpfungsprozess mit differenzierten Wertaktivitäten verstehen und organisieren; • Personaldienstleistungen als Produkte definieren; • interne und externe, aktuelle u. potentielle Kunden identifizieren; • kundenorientiertes Produktdesign und effizientes Marketing als Voraussetzungen für erfolgreiche Personalarbeit erkennen;
3. Kennzahlen der Org.Einheit	(6) ist es möglich, für die Org.Einheit charakteristische finanzielle Leistungskennzahlen zu bilden? (finanzielle Perspektive); (7) ist es möglich, für die Org.Einheit charakteristische nicht-finanzielle Leistungskennzahlen für die Perspektiven „Prozesse", „Kunden" und „Lernen und Entwicklung" zu bilden?	• finanzielle Leistungskennzahlen bilden/überarbeiten; • nicht-finanzielle Leistungskennzahlen bilden/überarbeiten.

Abb. 1: Kriterienkatalog zur BSC-Eignungsprüfung der Personalabteilung
(vgl. Kaplan u. Norton 1997, S. 290f.)

3. Umsetzbare Personalstrategien als Anwendungsvoraussetzung der BSC-Personal

Jede BSC, oftmals als Brücke zwischen Strategie und operativer Umsetzung bezeichnet, setzt die Existenz einer umsetzbaren Strategie voraus, die auf einer Vision aufbauen sollte. Dies gilt auch für die Anwendung der BSC im Personalbereich: die Existenz einer Personalstrategie – entweder von außen (z.B. von der Unternehmens- und Geschäftsleitung) vorgegeben oder von der Personalabteilung in Zusammenarbeit mit anderer Trägern des Personalmanagements selbst entwickelt – ist eine sine qua non der BSC-Personal.

3.1 Ergebnisse der empirischen Personalstrategieforschung

Die Tatsache, dass es Personalstrategien gibt bzw. geben kann, bestätigt der Price Waterhouse Cranfield Project Report 1991. Danach verfügen 20 % der größeren Unternehmen in der Bundesrepublik Deutschland über schriftliche Personalstrategien, weitere 43 % der Unternehmen immerhin über nicht-schriftliche Personalstrategien. Mag die Verbreitung von Personalstrategien seitdem zahlenmäßig weiter zugenommen haben, die Voraussetzungen für BSC-Personal sich insoweit verbessert haben, so bleiben doch Zweifel, ob die vorhandenen Personalstrategien den strengen Anforderungen des Balanced Scorecard-Konzepts genügen. Es genügt nicht zu wissen, dass die Personalarbeit strategiegeleitet ist; vielmehr muss der Inhalt der Personalstrategie so präzise formuliert sein, dass eine Umsetzung in Aktionen, wie von der BSC-Personal vorgesehen, möglich erscheint. Ebensowenig genügt es, subfunktionale Personalstrategien für Teilfunktionen der Personalarbeit vorzusehen, z.B. für Personalmarketing, Personalentwicklung, Vergütung etc. Gefordert wird von der BSC-Personal eine umfassende Personalstrategie als verbindlicher Rahmen für die gesamte Personalarbeit.

3.2 Unterschiedliche Ausgangssituationen in der Unternehmenspraxis

Die angestrebte Anwendung der BSC-Personal in der Unternehmenspraxis findet erfahrungsgemäß sehr unterschiedliche Ausgangssituationen vor. Die wichtigsten Falltypen sind in Abb. 2 aufgelistet.

Falltypen Nr.	Typische Ausgangssituationen	Folgemaßnahmen für BSC-Erstellung
1	Personalstrategie vollständig und präzise ausformuliert in Strategiepapier, Umsetzbarkeit in Aktionen unmittelbar gegeben	Übernahme in BSC-Personal
2	Personalstrategie unvollständig und unpräzise formuliert in verschiedenen Strategiepapieren und anderen Firmendokumenten wie z.B. in Führungsgrundsätzen, Leitlinien der Personalarbeit etc.	Übernahme in BSC-Personal nach Neuformulierung / Ergänzung des Vorhandenen
3	Personalstrategie nicht formuliert und dokumentiert, aber als ungeschriebene Grundsätze und Regeln akzeptiert und entscheidungsrelevant	Übernahme in BSC-Personal nach Identifikation und Formulierung des Vorhandenen
4	Personalstrategie nicht vorhanden bzw. nicht wahrgenommen	Strategiefindung, dann Übernahme in BSC-Personal

Abb. 2: Typische Ausgangssituationen der BSC-Erarbeitung

Der bereits erwähnte Price Waterhouse Cranfield Project Report 1991 liefert erste Anhaltspunkte für ein Abschätzen der Häufigkeit, mit der die verschiedenen Falltypen vorkommen. Einzelerfahrungen in verschiedenen Unternehmen stützen die These, dass Falltyp 1 nach wie vor auf eine relativ kleine Zahl von besonders fortschrittlichen und innovativen Unternehmen beschränkt ist. Im Regelfall muss die von BSC-Personal geforderte Personalstrategie erst komplettiert, restrukturiert oder gar erst erarbeitet und entwickelt werden (vgl. Falltypen 2-4).

3.3 Abstimmungsprozesse zwischen Personalstrategie und Unternehmensstrategie

In der wissenschaftlichen Personalmanagement-Literatur, die seit langem die strategische Ausrichtung der Personalarbeit fordert, wird immer wieder auf die Notwendigkeit hingewiesen, Personalstrategie und Unternehmensstrategie aufeinander abzustimmen. Dabei werden drei Möglichkeiten unterschieden:

(1) *Implementationsansatz*;

(2) *Duales Konzept*;

(3) *Personalstrategie-Ansatz*.

Der *Implementationsansatz* sieht den einzigen Zweck der Personalstrategie in der Implementierung der vorgelagerten Unternehmens- und Geschäftsfeldstrategie; Abstimmung findet in der Weise statt, dass die Personalstrategie aus der gegebenen Unternehmens- und Geschäftsfeldstrategie abzuleiten ist, deren Existenz stillschweigend vorausgesetzt wird. Demgegenüber sieht das sog. *Duale Konzept* ein wechselseitiges Abstimmen von Personalstrategie und Unternehmens- und Geschäftsfeldstrategie in einem umfassenden Strategiebildungskonzept vor. Noch einen Schritt weiter geht der sog. *Personalstrategie-Ansatz*. Dieser Ansatz hebt die partielle Eigenständigkeit der Personalstrategie hervor, die nicht nur der Implementierung der Unternehmens- und Geschäftsfeldstrategie sondern auch der Verfolgung eigener personalpolitischer Ziele wie z.B. der Optimierung der Personalstruktur, *Empowerment-Initiativen*, Förderung der innerbetrieblichen Führungs- und Kommunikationsbeziehungen etc. dienen kann.

3.4 Typen von Personalstrategien

In der Unternehmenspraxis wird bewusst oder unbewusst der *Personalstrategie-Ansatz* präferiert. Strategisch aktive Personalleiter haben erkannt, dass auch bei gegebener Unternehmens- und Geschäftsfeldstrategie ein erheblicher Interpretations- und Gestaltungsspielraum verbleibt, der für die Planung einer relativ eigenständigen Personalstrategie im Rahmen der BSC-Erstellung genutzt werden kann.

Konkrete Beispiele für Standard-Personalstrategien in dem hier verstandenen Sinne mit Modellcharakter für die Unternehmenspraxis finden sich in der wissenschaftlichen Fachliteratur äußerst selten:

(1) Bekannt ist seit langem die Unterscheidung von *Input-orientierten Personalstrategien*, *Input-verbessernden Personalstrategien*, *Hygiene-orientierten Personalstrategien* und *Output-orientierten Personalstrategien*. Diese Personal-strategietypen signalisieren unterschiedliche Schwerpunkte der Personalarbeit;

(2) als Ergebnis einer empirischen Personalstrategie-Studie werden je nach Struktur und Aktivitätsniveau der eingesetzten Maßnahmenpakete unterschieden *Personalentwicklungs-Strategie, Personalbeurteilungs-Strategie, Personalverwaltungs-Strategie* und *Personalforschungs-Strategie* (vgl. Ackermann 1985, 1989).

Diese und andere Versuche, Standardtypen der Personalstrategie herauszuarbeiten, hat die Erarbeitung und Formulierung von Personalstrategien in der Unternehmenspraxis bislang nur wenig beeinflussen können. Meist werden mit Unterstützung externer Berater 4-5 Kernpunkte der künftigen Personalarbeit (*auf was es uns ankommt*) durch Stichworte beschrieben und zu einer aussagefähigen, unternehmensspezifischen Strategiebezeichnung zusammengesetzt wie z.B. *POWER, BEWEG* etc. Bei der Erarbeitung der Kernpunkte werden typischerweise eine Vielzahl von Aspekten berücksichtigt. Ausgangspunkt ist die bisherige Personalarbeit und die Frage nach notwendigen Akzentverschiebungen angesichts zu erwartender Veränderungen in den externen und internen Rahmenbedingungen der künftigen Personalarbeit. Die Unternehmens- und Geschäftsfeldstrategie spielt bei diesen Strategiefindungsprozessen im Personalbereich eine wichtige, ggf. entscheidende Rolle, vor allem nach stattgefundenen oder erwarteten Änderungen des übergreifenden Unternehmensstrategiekonzepts.

4. Neue Betrachtungsweise: Übertragbarkeit des Wertkettenmodells auf die Aktivitäten der Personalabteilung

Nach Abb. 1 wird als zweite Anwendungsvoraussetzung der BSC-Personal gefordert, dass die Personalabteilung die Merkmale einer vollständigen Wertkette aufweisen muss. Die Forderung wird einsichtig, wenn man ein weiteres wichtiges Charakteristikum des BSC-Konzepts betrachtet: die Berücksichtigung mehrerer Perspektiven bei der Umsetzung der Strategie in Aktionen, insbesondere der *finanziellen Perspektive*, der *Kundenperspektive*, der *Prozessperspektive* und der *Lern- und Entwicklungsperspektive* (vgl. Kaplan u. Norton 1997). Es genügt also nicht, dass die betrachtete Organisationseinheit eine umsetzbare Strategie hat oder haben kann; hinzu kommen müssen die Eigenschaften eines *Unternehmens im Unternehmen*, das die genannten Perspektiven aufweist und diese Perspektiven gestalten oder zumindest mitgestalten kann. Der Wertketten-Ansatz ermöglicht eine detaillierte Beschreibung dieses Sachverhalts.

4.1 Das Standard-Wertketten-Modell von Porter

Unter einer Wertkette (value chain) versteht Porter, der Begründer des Ansatzes, die Gliederung eines Unternehmens in strategisch relevante Tätigkeiten, die sog. Wertaktivitäten (value activities), die durch Verknüpfungen (linkages) miteinander verbunden sind (vgl. Porter 1985). Die nachstehende Abb. 3 gibt das Standardmodell der Wertkette wieder.

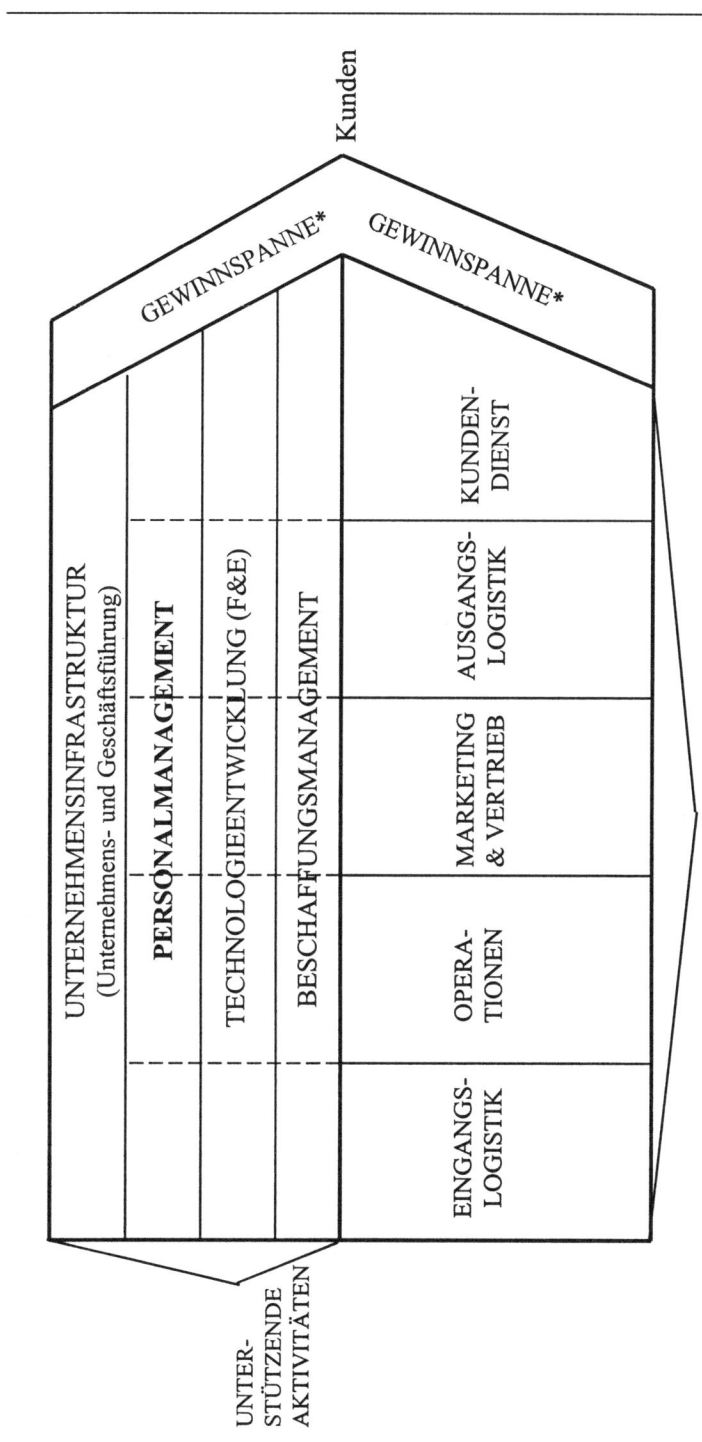

Abb. 3: Standardmodell der Wertkette nach M. Porter
(vgl. Porter 1985)

Ein Blick auf Abb. 3 weckt berechtigte Zweifel, ob die Personalabteilung und ihre Aktivitäten als eine eigene Wertkette betrachtet werden kann. Schließlich wird sie im dargestellten Porter-Standardmodell unter der Bezeichnung *Personalmanagement* eindeutig als eine der *unterstützenden Wertaktivitäten* positioniert, die durch Personaldienstleistungen, z.B. durch Personalbeschaffung, Personalentwicklung etc. andere Wertaktivitäten in der Wertkette bei der Erfüllung ihrer Aufgaben unterstützt und so zur Wettbewerbsfähigkeit des Gesamtunternehmens beiträgt.

Es fällt schwer, sich von dieser Modellvorstellung der Personalabteilung zu lösen, die durchaus dem Rollenverständnis vieler Personalleiter entspricht. Für sie ist die Vorstellung, die Personalabteilung als eigene Wertkette zu interpretieren, kaum nachvollziehbar. Angefangen vom Gliederungsschema der Wertkette, die auf die typischen Tätigkeiten einer Personalabteilung nicht bzw. nicht ohne weiteres anwendbar erscheint, bis hin zum unterstellten Absatz von Produkten oder Dienstleistungen an Kunden gegen Entgelt, um damit im Wettbewerb mit konkurrierenden Anbietern eine angemessene Gewinnspanne zu erzielen, all dies erscheint höchst unpassend und wirklichkeitsfremd angesichts der Tatsache, dass Personalabteilungen im Regelfall nichts zu verkaufen haben, schon gar nicht an externe Kunden des Unternehmens, sich innerhalb des Unternehmens eher als Monopolist und weniger in Konkurrenz mit anderen Anbietern sehen. Besonders abwegig mag vor diesem Hintergrund der Versuch erscheinen, das Gewinnziel der Wertkette in einen Zusammenhang mit der Personalabteilung zu bringen.

Folgt man diesen Überlegungen, dann fehlen der Personalabteilung wichtige Eigenschaften einer Wertkette, insbesondere

(1) die Finanzperspektive (Selbstfinanzierung durch Gewinn) und

(2) die Kundenperspektive (Kampf um Kunden im Wettbewerb mit anderen Anbietern auf dem Markt für Personaldienstleistungen).

Weniger problematisch ist der Nachweis der übrigen Perspektiven:

(3) die Prozessperspektive, repräsentiert durch die Wertaktivitäten der Personalabteilungen, die freilich in vielen Fällen erst identifiziert und klassifiziert werden müssen;

(4) die Lern- und Entwicklungsperspektive, die der Personalabteilung eine neue bedeutsame Rolle als Change Agent zuweist. Diese Rolle wird von den Personalleitern zwar allgemein angestrebt, aber häufig aus Mangel an Entscheidungsbefugnis, notwendigen Ressourcen und aus anderen Gründen nicht oder nur ansatzweise ausgefüllt.

Das Ergebnis der bisherigen Analyse: *Personalabteilungen sind bestenfalls unvollständige Wertketten, daher ungeeignet für die Anwendung des BSC-Konzepts* ist unbefriedigend. Es stützt sich ausschließlich auf die – zugegebenermaßen besonders einflussreiche und auch in der Unternehmenspraxis weithin bekannte – Ausformung des Wertketten-

Ansatzes durch Porter. Daneben gibt es zahlreiche Varianten und Modifikationen der Grundidee, auf die Bezug genommen werden kann. Wichtiger noch ist eine differenzierte Betrachtung der verschiedenen Entwicklungszustände der Personalabteilungen, die das obige Pauschalurteil kritisierbar machen.

4.2 Das modifizierte Wertketten-Modell von Kaplan u. Norton

Kaplan u. Norton haben ein eigenes Wertketten-Modell vorgelegt, das sich von dem Standardmodell Porters in einigen wesentlichen Punkten unterscheidet (vgl. Kaplan/Norton 1997, S. 92f.):

(1) Neustrukturierung der Wertkette und Reduzierung auf drei Wertaktivitäten bzw. Hauptprozesse, nämlich auf

- Innovationsprozess: bestehend aus Marktidentifizierung und Schaffung des Dienstleistungsangebots (Service Engineering);
- Betriebsprozess: bestehend aus Dienstleistungserstellung und Auslieferung an den Kunden;
- Kundendienstprozess (Kundenservice);

(2) besondere Betonung der Kundenperspektive, indem alle internen Prozesse konsequent und immer wieder neu auf Kundenwünsche ausgerichtet werden, ausgehend von der Identifikation von Kundenwünschen und endend bei deren Befriedigung;

(3) besondere Betonung der Lern- und Entwicklungsperspektive, repräsentiert durch den Innovationsprozess, in dem die aufkommenden und latenten Wünsche der Kunden erforscht und danach neue Dienstleistungen geschaffen werden, die diesen Wünschen entsprechen.

Die Finanzperspektive wird nicht explizit berücksichtigt. Es wird unterstellt, dass sämtliche Prozesse letztendlich auch der Erreichung finanzieller Ziele dienen und damit die Finanzierung der Wertkette gesichert wird.

Mehr noch als das Porter-Standardmodell fordert die Kaplan-Norton-Wertkette die kundenorientierte, innovative und prozessoptimierende Personalabteilung, ein Quantensprung in der Entwicklung gegenüber dem traditionellen Konzept der Personalverwaltung. Ob eine Personalabteilung die Eignungsvoraussetzungen für die BSC-Personal erfüllt oder nicht, ist somit von ihrem Entwicklungsgrad abhängig.

4.3 Unterschiedliche Entwicklungsstände der Personalabteilung

Nach dem realisierten Entwicklungsstand lassen sich drei Typen von Personalabteilungen unterscheiden, die unterschiedlichen Voraussetzungen für die Übertragung des Wertketten-Modells und damit für die BSC-Personal mitbringen:

- das *Profit Center Personal*
- das *Als ob-Profit Center Personal*
- die Personalverwaltung

a) Profit Center Personal

Personalabteilungen erfüllen die Eignungsvoraussetzung *vollständige Wertkette* dann am besten, wenn sie als selbstfinanzierende Profit Center in selbständiger oder unselbständiger Rechtsform organisiert sind (vgl. Mercer 1989; Ackermann 1994; Ackermann u.a. 1998; Arx 1995). Profit Center Personal verstehen sich als Dienstleister, die Personaldienstleistungen für unternehmensinterne Kunden (z.B. Fachabteilungen, MitarbeiterInnen), manchmal auch für unternehmensexterne Kunden innerhalb und außerhalb einer Konzerngruppe gegen Entgelt bzw. innerbetriebliche Verrechnungspreise erbringen. Sie agieren wie andere Dienstleister auf dem Markt und müsen als Daueraufgabe gegen konkurrierende Anbieter möglichst dauerhafte Wettbewerbsvorteile durch Kostensenkung und/oder höhere Dienstleistungsqualitäten gewinnen und sichern.

Der Zwang zur innovativen Kundenorientierung ist dann besonders stark ausgeprägt, wenn die unternehmensinternen Kunden das Recht erhalten, beim Bezug von Personaldienstleistungen (z.B. Personalbeschaffung, Qualifizierung, neue Arbeitszeitsysteme etc.) zwischen der eigenen Personalabteilung und externen Dienstleistern wählen und sich fallabhängig für die jeweils günstigste Alternative entscheiden zu können. In dieser Situation muss sich das Profit Center Personal genauso um die Gewinnung und Erhaltung von internen Kunden wie um die externen Kunden bemühen.

Das Profit Center Personal ist somit der Prototyp für die Wertkette *Personalabteilung* und ohne Einschränkung BSC-geeignet. Als moderne Organisationsform ist sie ansatzweise bereits bei besonders fortschrittlichen Unternehmen anzutreffen und gewinnt zunehmende Verbreitung.

b) Als ob-Profit Center Personal

Die meisten Personalabteilungen sind nicht als Profit Center sondern als Cost Center organisiert und finanzieren sich durch Umlagen. Sofern sie über eigene Kostenbudgets verfügen, das sie nach eigenem Ermessen mit höchstmöglichem Nutzen für ihre – ausschließlich unternehmensinterne – Kundschaft einsetzen, verhalten sie sich trotz Dienstleistungsmonopol und fehlendem Wettbewerbsdruck so, als ob es sich um echte Profit Center Personal handeln würde. Sie vergleichen sich ständig mit externen Dienstleistern und sind bemüht, diese hinsichtlich Kosten zu unterbieten und bezüglich Qualität zu überbieten.

Aufgrund dieses Verhaltens erscheint es gerechtfertigt, von Als ob-Profit Center Personal zu sprechen. Sie erfüllen grundsätzlich die Merkmale einer vollständigen Wertkette und sind insoweit BSC-tauglich.

c) Personalverwaltungen

Es bleibt ein zahlenmäßig noch immer bedeutsamer Rest von Personalabteilungen, die ohne eigene Kostenbudgets als rein ausführende Personalverwaltungsstellen (Rekrutierungsbüro, Abbuchungsstelle) mit engen Vorgaben und Richtlinien geführt werden. Sie haben weder die Befugnis noch die Mittel, Innovationsprozesse einzuleiten; die Betriebsprozesse sind hochgradig standardisiert und detailliert geregelt, Bedarfsträger werden nicht bedient sondern bestenfalls versorgt, schon deshalb, weil letztere keine andere Wahl haben, als sich die benötigten Personal-Dienstleistungen von der zuständigen Personalabteilung zu beschaffen.

Personalabteilungen diesen Typs erfüllen nicht die Merkmale einer Wertkette und sind daher für den Einsatz der BSC-Personal nicht oder weniger gut geeignet.

Im konkreten Einzelfall ist zu prüfen, welchem Prototyp die betrachtete Personalabteilung am nächsten kommt. Eine eindeutige Zuordnung wird angesichts der vielgestaltigen Erscheinungsformen in der Unternehmenspraxis nicht immer möglich sein.

5. Verfügbarkeit von relevanten Personalkennzahlen

Die dritte und letzte Voraussetzung für die BSC-Eignung der Personalabteilung ist gemäß Abb. 1 die Verfügbarkeit von Personalkennzahlen, die als geeignete Maßgrößen für die Perspektivenziele der Personalabteilung dienen können.

5.1 Hohe Anforderungen an die Zielformulierung

Es werden hohe Anforderungen an die Zielformulierung der Personalabteilung gestellt, die deutlich über den bisherigen Standard hinausgehen:

(1) Für alle unterschiedenen BSC-Perspektiven sind Ziele zu erarbeiten und zu dokumentieren, also für die Finanzperspektive und Kundenperspektive ebenso wie für die Prozessperspektive und die Lern- und Entwicklungsperspektive. Dies ist auch für fortgeschrittene *Profit Center Personal* und *Als ob-Profit Center Personal* nicht selbstverständlich, schon gar nicht für die Personalverwaltungen. Wenn überhaupt Ziele explizit genannt werden, dann häufig nur für einzelne Prozesse und Einzelmaßnahmen. In den meisten Fällen müssen die bereits verfolgten Ziele überarbeitet, ergänzt, erweitert und präzisiert werden, um den Anforderungen zu genügen;

(2) hinzu kommt, dass für die angestrebten Ziele der Personalabteilung nicht nur die Zielinhalte anzugeben sind (was soll erreicht werden?), sondern darüber hinaus, wie, durch welche Kennzahlen diese Ziele gemessen werden sollen. Damit wird auch das angestrebte Zielausmaß (wieviel davon soll erreicht werden?) thematisiert und Voraussetzungen dafür geschaffen, dass ad hoc die Zielerreichungsgrade bestimmt werden können. Für manche Ziele ist es einfach, aus dem großen Bestand an Personalkennzahlen in der veröffentlichten Fachliteratur passende Kennzahlen zu finden, z.B. für finanzielle Ziele; für Kunden-, Prozess- und Lern- und Entwicklungsziele ist dies relativ schwieriger. In vielen Fällen müssen passende Kennzahlen für alte und neue Ziele erst erarbeitet werden.

5.2 Das Personal-Kennzahlen-System von Schulte

Einen guten Überblick über bekannte Personalkennzahlen vermittelt der nachstehende Systematisierungsversuch (vgl. Abb. 4), der sich an den Hauptfunktionen des Personalmanagements orientiert. Ob und welche der aufgelisteten 61 Personalkennzahlen BSC-relevant sind, hängt von den angestrebten Perspektivenzielen der Personalabteilung ab. In jedem Fall können sie dem BSC-Anwender als Materiallager dienen, um die eigenen Kennzahlenbestände zu überprüfen und ggf. zu ergänzen.

Personalkennzahlen für BSC-Perspektive

Personal-Kennzahlen-System (PKS)

Personalbedarf und -struktur (K1 - K7)	Personalbeschaffung (K8 - K15)	Personaleinsatz (K16 - K25)	Personalerhaltung und Leistungsstimulation (K26 - K39)
• Netto-Personalbedarf • Arbeitsvolumen/ Arbeitszeit • Qualifikationsstruktur • Behindertenanteil • Frauenanteil • Durchschnittsalter der Belegschaft • Durchschnittsdauer der Betriebszugehörigkeit	• Bewerber pro Ausbildungsplatz • Vorstellungsquote • Effizienz der Beschaffungswege • Personalbeschaffungskosten je Eintritt • Produktivität der Personalbeschaffung • Grad der Personaldeckung • Frühfluktuationsrate • Anzahl Versetzungswünsche nach kurzer Dienstdauer	• Vorgabezeit • Leistungsgrad • Arbeitsproduktivität • Arbeitsplatzstruktur • Verteilung des Jahresurlaubs • Überstundenquote • Durchschnittskosten je Überstunde • Leistungsspanne • Entsendungsquote • Rückkehrquote	• Fluktuationsrate • Fluktuationskosten • Krankheitsquote • Unfallhäufigkeit • Ausfallzeit infolge Unfall • Kosten von Arbeitsunfällen • Grad der Unfallschwere • Lohnformenstruktur • Lohngruppenstruktur • Vermögensbildende Leistung je Mitarbeiter • Erfolgsbeteiligung je MA • Altersversorgungsanspruch je Mitarbeiter • Nutzungsgrad betrieblicher Sozialeinrichtungen • Aufwand für freiwillige betriebliche Sozialleistungen je Mitarbeiter

Abb. 4: Personal-Kennzahlen-System (vgl. Schulte 1989, S. 51)

Personalkennzahlen für BSC-Perspektive

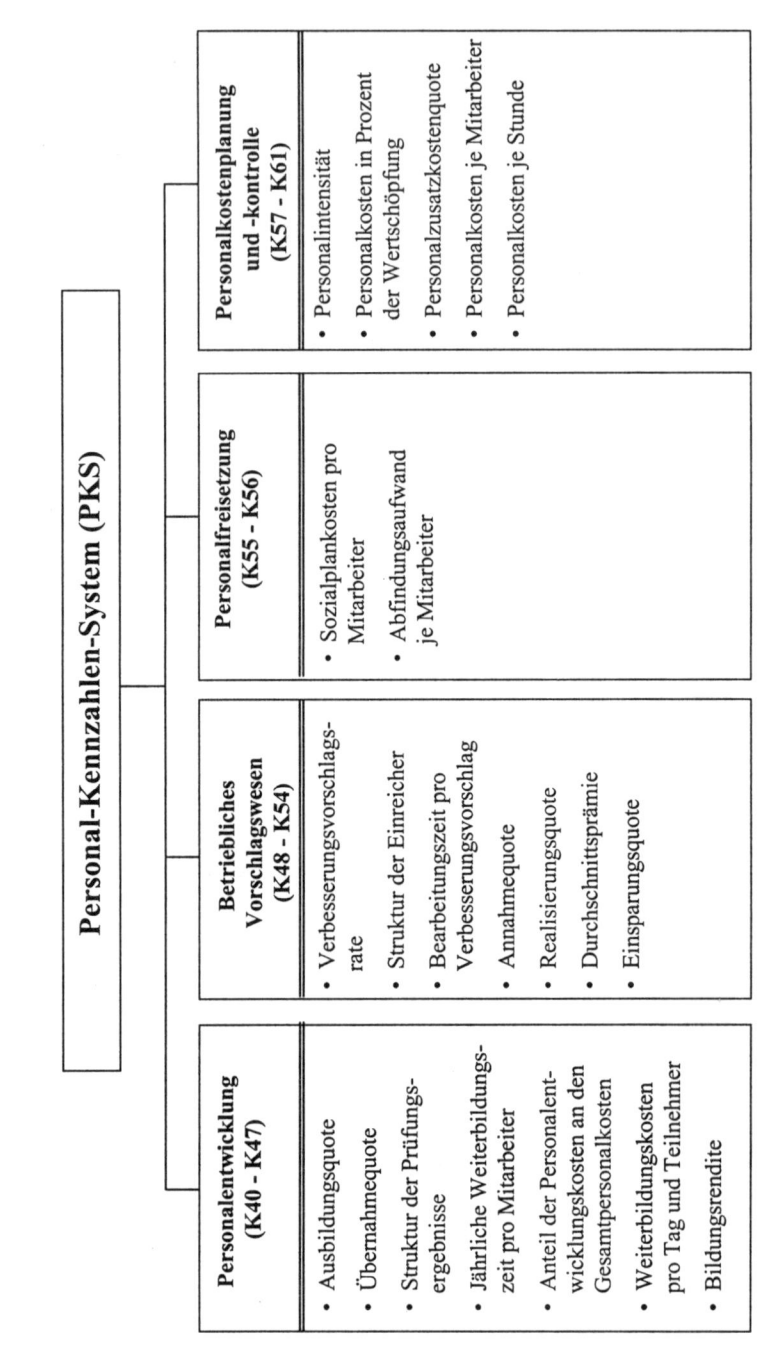

Personal-Kennzahlen-System (PKS)

Personalentwicklung (K40 - K47)

- Ausbildungsquote
- Übernahmequote
- Struktur der Prüfungsergebnisse
- Jährliche Weiterbildungszeit pro Mitarbeiter
- Anteil der Personalentwicklungskosten an den Gesamtpersonalkosten
- Weiterbildungskosten pro Tag und Teilnehmer
- Bildungsrendite

Betriebliches Vorschlagswesen (K48 - K54)

- Verbesserungsvorschlagsrate
- Struktur der Einreicher
- Bearbeitungszeit pro Verbesserungsvorschlag
- Annahmequote
- Realisierungsquote
- Durchschnittsprämie
- Einsparungsquote

Personalfreisetzung (K55 - K56)

- Sozialplankosten pro Mitarbeiter
- Abfindungsaufwand je Mitarbeiter

Personalkostenplanung und -kontrolle (K57 - K61)

- Personalintensität
- Personalkosten in Prozent der Wertschöpfung
- Personalzusatzkostenquote
- Personalkosten je Mitarbeiter
- Personalkosten je Stunde

Noch Abb. 4: Personal-Kennzahlen-System (vgl. Schulte 1989, S. 52)

Kritik anzumerken ist, dass das dargestellte Personalkennzahlensystem sich auf *hard facts* beschränkt. Dagegen werden *soft facts* (vgl. Abschn. 5.3) die für verschiedene BSC-Perspektiven benötigt werden, vernachlässigt. Es zeigt sich, dass das Kennzahlensystem ergänzungsbedürftig ist und erheblich erweitert werden muss, um den Anforderungen einer BSC-Personal voll entsprechen zu können.

5.3 Beispiele für *Soft fact*-Kennzahlen in der BSC-Personal

Die bekanntesten *Soft fact*-Kennzahlen, die in der BSC-Personal Verwendung finden können, betreffen u.a.

- Die Kundenzufriedenheit mit Dienstleistungen der Personalabteilungen (⇨ Kundenperspektive),
- die Dienstleistungsqualität der Personalabteilung aus Kundensicht (⇨ Kundenperspektive);
- die Mitarbeiterzufriedenheit bzw. das Betriebsklima (⇨ Lern- und Entwicklungsperspektive),
- die Unternehmenskultur (⇨ Lern- und Entwicklungsperspektive).

Die Messung dieser Sachverhalte und die Auswahl geeigneter Kennzahlen wirft z.T. schwierige methodische Probleme auf, auf die hier nicht näher eingegangen werden kann. In der Fachliteratur finden sich eine Vielzahl von Lösungsvorschlägen.

6. BSC-Personal in Aktion: Demonstrationsbeispiel *Deutschland Subsample AG*

Die nachfolgende BSC-Personal stützt sich auf die Ergebnisse der IBM-Towers Perrin-Worldwide Study für das Subsample *deutsche Unternehmen*. Daraus lassen sich ableiten:

(1) die Hauptziele des Personalmanagements, von denen lediglich die Top 5-Ziele ausgewählt und den BSC-Perspektiven zugeordnet werden;

(2) die Hauptaktivitäten (Maßnahmen) des Personalmanagements, von denen die Top 5-Maßnahmen den BSC-Perspektiven und Zielen zugeordnet werden;

Die fehlenden Perspektivenelemente, Kennzahlen und Sollwerte werden hinzugefügt, um abgesehen von Vision und Strategie eine ausgefüllte BSC-Personal beispielhaft zu demonstrieren, die sich in wesentlichen Teilen auf Benchmarking stützt.

6.1 Hauptziele, Kennzahlen und Sollwerte

Die nachstehende Abb. 5 fasst das Ergebnis der Zielfindung, der Kennzahlenbildung und der Sollwertbestimmung anschaulich zusammen.

Rang	Hauptziele des Personalmanagements nach IBM-Towers Perrin Study	BSC-Perspektive (Ex post-Zuordnung)	Kennzahlen (Ex post-Zuordnung)	Sollwerte (fiktive Beispiele)
1	a) High productivity	F	Umsatz/MA bzw. Cash Flow/MA; Umsatz/Personalkosten;	+ 6 % p.a. + 4 % p.a.
	b) High Quality	K	Dienstleistungsqualität (z.B. nach SERVQUAL)	+ 8 % p.a.
	c) High customer satisfaction	K	Kundenzufriedenheit (interne/externe)	+ 3 % p.a.
2	**Linkage of HR to business strategies**	–	–	
3	Workforce flexibility	P	Kennzahlen für quantitative, qualitative, zeitliche und örtliche Personalflexibilität	+ 4 % p.a.
4	Retention of qualified employees	LE	Bleibe-Rate High Potentials	100 %
5	Attraction of highly qualified applicants	LE	Anzahl qualifizierter Bewerber je vakantem Arbeitsplatz, Neuzugänge High Potentials	+ 2 % p.a.
5	Strong organizational culture	LE	Verankerungsgrad, Übereinstimmungsausmaß, Systemkonformität der Kultur	90 %-Annäherung an Heinen-Typ I; *starke systemgestützte Einheitskultur*

Abb. 5: BSC-Personal für Subsample Deutschland

So also könnte die BSC-Personal einer Personalabteilung aussehen, die sich in wesentlichen Teilen auf eine Benchmarking-Studie stützt. Was fehlt, sind noch die Maßnahmenpläne zur Realisierung der angestrebten Sollwerte und die Verknüpfung der Ziele.

6.2 Die Hauptaktivitäten des Personalmanagement

Die IBM-Towers Perrin-Study gibt auch Auskunft über die Aktivitäten des Personalmanagements.

Die drei wichtigsten Hauptaktivitäten betreffen die Lern- und Entwicklungsperspektive:

(1) *frühzeitige Identifikation von High Potentials.* Dadurch sollen die Voraussetzungen für deren Verbleib geschaffen werden;

(2) *Information und Kommunikation von Zielen, Plänen, Problemen* sowie

(3) die *Belohnung MitarbeiterInnen für Innovation/Kreativität.* Beide Aktivitäten sollen dazu beitragen, die gewünschte Unternehmenskultur zu realisieren.

Unter den Top 5-Hauptaktivitäten der Studie befinden sich ferner

(4) die *Belohnung MitarbeiterInnen für exzellenten Kundendienst und hohe Qualität*, was in erster Linie der angestrebten Verbesserung der Dienstleistungsqualität (-> Kundenperspektive) dienen soll und

(5) die *Forderung und Förderung von Personalflexibilität*, u.a. geeignet für die Optimierung der Prozesse (-> Prozessperspektive).

Weitere gezielte Maßnahmen zur Erreichung der angestrebten Ziele lassen sich aus der zitierten IBM-Towers Perrin-Studie ableiten.

6.3 Ursache-Wirkungs-Beziehungen innerhalb und zwischen den BSC-Perspektiven

Die einzelnen Ziele und Kennzahlen stehen nicht isoliert nebeneinander, sondern in wechselseitigen Ursache-Wirkungs-Beziehungen. Diese zu erarbeiten und deutlich zu machen, wird vom BSC-Konzept ausdrücklich gefordert. Abb. 6 zeigt die Verknüpfung der oben genannten Ziele.

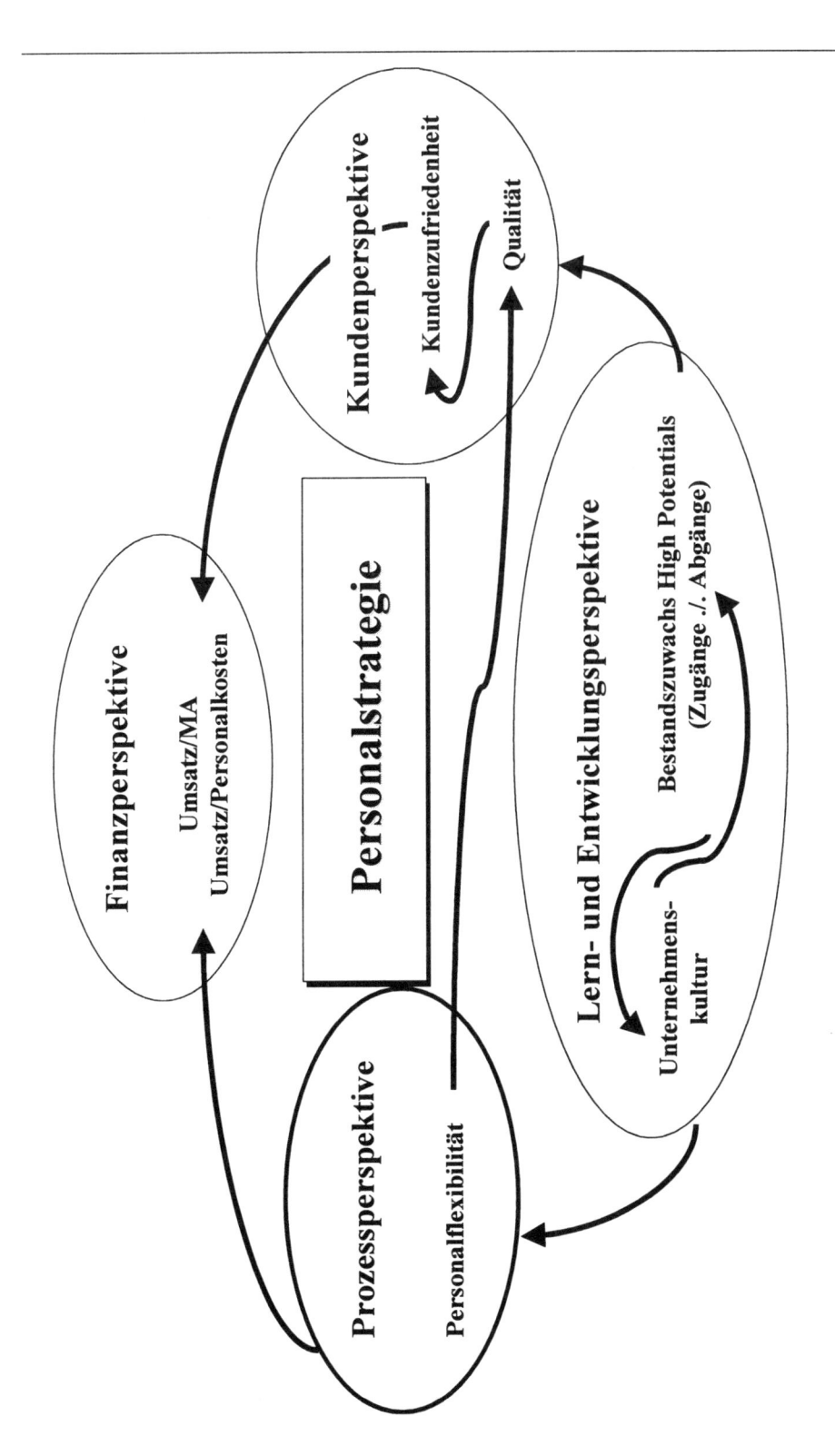

Abb. 6: Ursache-Wirkungs-Beziehungen innerhalb und zwischen den BSC-Perspektiven für Deutschland Subsample

Die dargestellten Verknüpfungen stützen sich mehr oder weniger auf empirische Forschungsergebnisse, z.T. aber auch nur auf Plausibilitätsannahmen, deren empirische Prüfung noch aussteht:

(1) Innerhalb der Lern- und Entwicklungsperspektive wird das Gewinnen und Halten von High Potentials durch eine starke innovative Unternehmenskultur gefördert, die es für die High Potentials attraktiv macht, für das Unternehmen zu arbeiten. Umgekehrt wird die Unternehmenskultur von einem länger anhaltenden Bestandszuwachs an High Potentials beeinflusst, die ihr mehr und mehr ihren Stempel aufdrücken werden;

(2) eine Beziehung zwischen Lern- und Entwicklungsperspektive auf der einen und der Kundenperspektive entsteht, wenn der Zustrom von High Potentials eine erhöhte Dienstleistungsqualität bewirkt, die auch die Kundenzufriedenheit positiv beeinflusst;

(3) die Beziehung zwischen Lern- und Entwicklungsperspektive und Prozessperspektive wird durch die Erfahrung bestimmt, dass über die Unternehmenskultur auch Art und Ausmaß der Personalflexibilität beeinflusst werden kann. Dazu gehört insbesondere auch die Bereitschaft, bei schwankendem Arbeitsanfall in flexiblen Arbeitszeit-Regimen zu arbeiten;

(4) die Prozessperspektive nimmt Einfluss auf die Kundenperspektive, da erhöhte Personalflexibilität in dem oben genannten Sinne einen wichtigen Beitrag zur erhöhten Dienstleistungsqualität leisten kann;

(5) die Finanzperspektive wird durch diese Entwicklungstendenzen günstig beeinflusst. So ist zu vermuten, dass erhöhte Kundenzufriedenheit (Kundenperspektive) und erhöhte Personalflexibilität (Prozessperspektive) positive finanzielle Auswirkungen haben werden.

6.4 Unterschiedliche Ausformungen der BSC-Personal

Die Verwendung des Datenmaterials der IBM-Towers Perrin-Studie hat zu einer von mehreren möglichen Ausformungen der BSC-Personal geführt. Diese macht deutlich, wie, durch welche Ziele und Maßnahmen die betrachtete Personalabteilung ihren Beitrag zu den verschiedenen Perspektiven des Gesamtunternehmens zu verbessern gedenkt. Damit erfüllt die BSC-Personal zweifellos eine wichtige Funktion als neues Steuerungsinstrument der Personalarbeit. Offen bleibt allerdings die Frage nach der Zusammenarbeit der Personalabteilung mit anderen Trägern des Personalmanagements. Aus Vereinfachungsgründen wurde unterstellt, dass die Personalabteilung für die Erstellung der BSC-Personal alleinverantwortlich ist und die Realisierung der angestrebten BSC-Ziele maßgeblich beeinflussen kann. In der Unternehmenspraxis werden je nach Aufgaben- und Kompetenzverteilung im Personalmanagement ein erheblicher Koordinationsaufwand erforderlich sein.

Von dieser gesamtunternehmerisch ausgerichteten BSC-Personal zu unterscheiden ist eine BSC-Personal i.e.S., die die Kunden und Prozesse der Personalabteilung statt die Kunden und Prozesse des Unternehmens, das Lernen und Entwickeln innerhalb der Personalabteilung statt die Lern- und Entwicklungsperspektive des Unternehmens und schließlich die finanziellen Aspekte der Personalabteilung und nicht die des Unternehmens in den Vordergrund stellt.

Eine solche BSC-Personal i.e.S. lässt sich relativ einfach aus der dargestellten BSC-Personal für Subsample Deutschland (vgl. Abb. 5) ableiten, indem man die genannten Hauptziele des Personalmanagements auf die Personalabteilung selbst bezieht. Diese sind dann wie folgt zu interpretieren: Hauptziele sind

- hohe Produktivität der Personalabteilung (Finanzperspektive) verbunden mit
- hoher Dienstleistungsqualität und hoher Zufriedenheit der Kunden der Personalabteilung (Kundenperspektive);
- hohe Flexibilität der MitarbeiterInnen der Personalabteilung (Prozessperspektive);
- Bindung von bereits vorhandenen und Gewinnung neuer qualifizierter MitarbeiterInnen der Personalabteilung, die eine stark ausgeprägte Kultur aufweisen sollte (Lern- und Entwicklungsperspektive).

Welche der beiden vorgestellten Typen der BSC-Personal, die gesamtunternehmerisch ausgerichtete BSC-Personal oder die abteilungsspezifische BSC-Personal, vorzuziehen ist, hängt vor allem von dem jeweigen Verwendungszweck ab, der mit dem Einsatz des BSC-Konzepts zur Steuerung der Personalarbeit verfolgt wird.

7. Zusammenfassung

Ausgangspunkt der Untersuchung war die Frage nach der BSC-Eignung von Personalabteilungen und damit nach der Anwendungsmöglichkeit der BSC-Personal.

Es konnte gezeigt werden, dass nach den strengen Maßstäben von Kaplan u. Norton grundsätzlich alle Personalabteilungen die Anforderungen des BSC-Konzepts erfüllen, die bereits einen hohen Entwicklungsstand bzgl. Kundenorientierung, Innovations- und Prozessorientierung erreicht haben (Profit Center-Personal und Als ob-Profit Center Personal). Traditionelle Personalverwaltungen sind dagegen nicht oder weniger geeignet.

Am Beispiel einer empirischen Studie zum Personalmanagement, deren Ergebnisse zum Ausfüllen einer BSC-Personal verwendet wurden, (sog. Deutschland Subsample) wurde deutlich, dass es verschiedene Ausformungen der BSC-Personal gibt, die jede auf ihre Weise zur Steuerung der Personalarbeit dienen kann: die gesamtunternehmerisch ausgerichtete und die abteilungsspezifische BSC-Personal.

8. Literaturhinweise

Ackermann, K.-F./**Meyer**, M./**Mez**, B. (Hrsg.): Die kundenorientierte Personalabteilung – Ziele und Prozesse des effizienten HR-Management, Wiesbaden 1998

Ackermann, K.-F. (Hrsg.): Reorganisation der Personalabteilung, Stuttgart 1994

Ackermann, K.-F.: Strategisches Personalmanagement auf dem Prüfstand, in: **Ackermann**, K.-F. et al (Hrsg.), Personalmanagement im Wandel, Stuttgart 1989, S. 1-29

Ackermann, K.-F.: Personalstrategien bei alternativen Unternehmensstrategien, in: **Bühler**, W. et al (Hrsg.), Die ganzheitlich-beurteilende Betrachtung der sozialen Leistungsordnung. Festschrift Josef Kolbinger, Wien-New York 1985, S. 347-373

Arx, S.v.: Das Wertschöpfungs-Center-Konzept als Strukturansatz zur unternehmerischen Gestaltung der Personalarbeit, in: **Wunderer**, R./**Kuhn**, Th. (Hrsg.), Innovatives Personalmanagement. Theorie und Praxis unternehmerischer Personalarbeit, Neuwied-Kriftel-Berlin 1995, S. 423-441

Kaplan, R.S./**Norton**, D.P.: Balanced Scorecard. Strategien erfolgreich umsetzen, Stuttgart 1997

Mercer, M.W.: Turning Your Human Resources Department into a Profit Center, New York 1989

Porter, M.E.: Competitive Advantage, New York 1985

Schulte, C.: Personal-Controlling mit Kennzahlen, München 1989

Forschungsberichte

Price Waterhouse Cranfield Project Report 1991

IBM-Towers Perrin-Worldwide Study

Dipl.-Kfm. Christian T. Tonnesen

Die HR-Balanced Scorecard als Ansatz eines modernen Personalcontrolling

Inhaltsverzeichnis

1. Einleitung 79

2. Begriff und Funktionen des Personalcontrolling 81
   - 2.1 Anforderungen an ein 'modernes' Personalcontrolling 81
   - 2.2 Die Balanced Scorecard...84

3. Konzeption einer Balanced Scorecard für das kundenorientierte Personalmanagement 87
   - 3.1 Grundsätzliche Vorgehensweise bei Übertragung der Balanced Scorecard auf das Personalmanagement...87
   - 3.2 Kundenorientierung als Leitbild des Personalmanagements 89
   - 3.3 Perspektiven einer HR-BSC...89
     - 3.3.1 Die Ableitung relevanter Perspektiven 89
     - 3.3.2 Die Wirtschaftlichkeitsperspektive......................................91
     - 3.3.3 Die Mitarbeiterperspektive..92
     - 3.3.4 Die Qualitätsperspektive...93
     - 3.3.5 Die Wissens- und Lernperspektive......................................94
   - 3.4 Die HR-BSC...95

4. Zusammenfassung 98

5. Literaturverzeichnis..99

1. Einleitung

Die Unternehmen sehen sich im neuen Jahrtausend einem stetig steigendem Anpassungsdruck gegenüber. Der sich immer schneller vollziehende Wandel gesellschaftlicher, ökonomischer und technologischer Umwelten in Form von Globalisierungen der Rohstoff- und Absatzmärkte, sich verkürzender Innovationszyklen, schnellste Durchdringung von Techniken und Ressourcen führen zu einer deutlichen Verschärfung des Wettbewerbs und zwingen die Unternehmen zu einer Ausschöpfung sämtlicher Ressourcen- und Nutzenpotentiale.[1] Bereits vollzogene Reorganisationen innerbetrieblicher Prozesse in Form von Lean Management oder Business Reengineering Konzepte oder die Suche nach Synergien in Form von Megafusionen beschreiben die Reaktionen auf die veränderten Anforderungen.

Alle diese Veränderungen haben (un-)mittelbare Auswirkungen auf die betriebliche Personalarbeit. Es zeigt sich in zunehmendem Maße, dass das erfolgreiche Management der Ressource Humankapital einer der wesentlichen Erfolgsfaktoren im Unternehmen ist. Das betriebliche Personalmanagement wird als relevanter Wettbewerbsfaktor verstanden. Dies erfordert eine unternehmerische und strategische Ausrichtung sämtlicher Personalfunktionen.[2]

Der Erfolg des Personalmanagements wird zukünftig folglich immer mehr davon abhängen, in welchem Ausmaß die Fähigkeit kritische Faktoren und Prozesse zu erkennen und die relevanten Informationen zu identifizieren, aufzubereiten und für den Entscheidungsprozess zu nutzen vorhanden ist. Das Führungssystem des Personalmanagements muss hierbei durch ein entsprechendes Controlling unterstützt werden. Die bislang vorhandenen Controlling Konzeptionen für das Personalmanagement sind aber nur unzureichend geeignet, auf die dynamischen und zum Teil turbulenten Veränderungen in technologischer, aber auch sozialer und gesellschaftlicher Hinsicht zu reagieren. Die bisherigen Steuerungsmodelle reichen nicht mehr aus, das gesamte Anforderungsprofil des Personalmanagements abzudecken, da sie zum großen Teil kostenlastig und vergangenheitsorientiert sind.

Vor diesem Hintergrund scheint es sinnvoll, über die Möglichkeiten der Balanced Scorecard als Instrument für ein zukunftsgerichtetes Personalcontrolling nachzudenken.[3] Das

---

[1] Vgl. Brunner, J.; Sprich, O. (1998), S. 30

[2] Vgl. Ulrich, D. (1997), S. 1-19; Wunderer, R.; Arx, S.v. (1998), S. 23. Diese in der Literatur oftmals zu findende These wurde durch eine empirische Umfrage 1997 evaluiert (n=107), woraus hervorging, dass die Rolle des Personalmanagements als strategischer Partner und als Change Agent als dominant identifiziert worden sind, während die Bedeutung administrativer Aufgaben rudimentärer Natur waren. Vgl. Wunderer, R.; Arx, S. v-; Jaritz, A. (1998), S. 346-350

[3] Überlegungen für eine Übertragung der Balanced Scorecard auf das Personalmanagement sind in der Unternehmenspraxis bislang nur in Ansätzen vorhanden. Eine Ausnahme stellt bspw. ABB-Schweiz dar. Vgl. Lichtsteiner, R.A. (1997), S. 333-337

von Kaplan und Norton zur Unterstützung einer Unternehmensführung entwickelte mehrdimensionale System vermeidet die Nachteile eines traditionellen, ex-post orientierten Controlling und Reporting-Systeme, indem es
- Vision und Strategien klärt, übersetzt und umsetzt,
- strategische Ziele miteinander verbindet und mittels formulierter Messgrößen kommuniziert,
- Zielgrößen und abgeleitete strategische Hauptaktionen plant und
- aufeinander abstimmt sowie
- strategisches Feedback und Lernen fördert.

Bislang ist dieses Instrument nur auf Unternehmens- bzw. strategischer Geschäftseinheitsebene eingesetzt worden. Eine Übertragung auf das Personalmanagement wurde in der Literatur nur in rudimentären Ansätzen und in der unternehmerischen Praxis nur in Form einer kaskadenförmigen Ableitung der Unternehmensscorecard vollzogen. Wenn das Personalmanagement aber strategisch ausgerichtet ist, ist es definitiv ein Kandidat für eine Balanced Scorecard.[4]

Ziel dieses Aufsatzes soll es im Folgenden sein, die Möglichkeiten und Grenzen der Balanced Scorecard zu skizzieren. Dies soll am konkreten Beispiel des kundenorientierten Personalmanagements erfolgen. Nach einer Klärung der begrifflichen Grundlagen wird die Konzeption einer Human Resources Balanced Scorecard (HR-BSC) vorgestellt.

---

[4] Vgl. Gleich, R. (1997), S. 432 f.

2. Begriff und Funktionen des Personalcontrolling

2.1 Anforderungen an ein 'modernes' Personalcontrolling

Das Personalcontrolling soll allgemein „die angemessene Unterstützung einer aktivgestalterischen Problemlösung wachsender Herausforderungen der Personalwirtschaft [...] leisten".[5] Konkret bedeutet dies, dass für eine effiziente Führung des Personalmanagements Informations- und Reportingsysteme zur Verfügung zu stellen sind, die Informationen bezüglich ihrer Entscheidungsrelevanz, zeitgerecht und in der richtigen Anzahl und Qualität über den ganzen Personalmanagementprozess hinweg bereitstellen.[6]

Hier setzt das eigentliche Problemfeld eines modernen Personalcontrollingsystems an. Je nach Zielsetzung und Ausrichtung, z.B. wirtschaftlicher oder verhaltensorientierter, lassen sich zwar entsprechende Aufgaben und Objekte bestimmen. Die zur Erfüllung dieser Aufgaben bestehenden Instrumente erfüllen die an sie gestellten Anforderungen aber nur in Ansätzen. Die Unternehmenspraxis verlangt nach Methoden, die sich einerseits real einsetzen lassen und vor allem eine mehrdimensionale und integrative Unterstützung der Steuerung des Personalmanagements ermöglichen. Diese sehr umfassende Forderung lässt sich anhand der folgenden Punkte konkretisieren:[7]

- Ausrichtung an verschiedenen Objekten

Eine Beurteilung des Personalmanagements muss anhand verschiedener Objekte erfolgen. Eine Evaluierung des Personalmanagements umfasst sowohl Prozesse, Qualität und Kosten von Leistungen als auch Strategien und deren Prämissen. Es sollten bislang isoliert betrachtete interne und externe Sichtweisen verbunden werden. Eine alleinige Fokussierung auf finanzielle Größen ist nicht ausreichend.

---

[5] Groth, U.; Kammel, A. (1993), S. 469
[6] Vgl. in Anlehnung an Brunner, J.; Sprich, O. (1998), S. 30
[7] Vgl. u.a Wunderer, R.; Jaritz, A. (1999), S. 50-52

- Ausrichtung an relevanten Gruppen

Aus dem Anspruch der Mehrdimensionalität lässt sich eine explizite Berücksichtigung der relevanten Stakeholder ableiten. Ein umfassendes Personalcontrolling-Instrument muss deren Interessen beinhalten und kommunizieren können.

- Integration der Planungsebenen und entsprechender Steuerungsinformationen

Die strategische und operative Ausrichtung der Beurteilung des Personalmanagements muss miteinander in Verbindung stehen. Hieraus resultiert die Forderung nach einer integrierten Berücksichtigung von Daten für eine ex-ante Steuerung als auch für eine ex-post Kontrolle.

- Planungsbezug

Ein Steuerungsansatz des Personalmanagements muss eine Integration der Personalstrategie mit der Unternehmensstrategie ermöglichen.

- Datenformat

Es sollten gleichermaßen qualitative und quantitative Daten beachtet werden. Um eine ex-ante Steuerung zu ermöglichen müssen weak signals in das System eingebunden werden.

- Anwendung

Die Erhebung und Verwertung von Informationen und Daten sollte einfach und transparent erfolgen, Änderungen und Anpassungen einfach durchzuführen sein.

- Anreizbezug

Ein mehrdimensionales Steuerungskonzept lässt sich nur durchsetzen, wen mit ihm Anreize gesetzt werden können bzw. es das bestehende Anreizsystem unterstützt.

- Lern- und Wissensbezug

Das System sollte den Personalbereich auf dem Weg zu einer lernenden Organisation unterstützen.

Die folgende Abbildung fasst diese Aussagen nochmals zusammen.

Objekte
- integrierte Ausrichtung an verschiedenen Objekten z.B. Prozessen; Leistungen, Aufwendungen, Strategien

Akteure
- Berücksichtigung der relevanten Stakeholder
- Kommunizierbarkeit gegenüber Stakeholdern

Planungsebenen
- strategische & operative Ausrichtung
- ex ante vs. ex post Steuerung

Anreizsystem
- Grundlage für Vergütung
- Grundlage für KVP
- Akzeptanz bei relevanten Stakeholder

Planungsbezug
- Integration von Unternehmens- und Personalstrategie

Lern- und Wissensebene
- single & double loop learning
- Unterstützung der I.O.

Anwendung
- Verständlichkeit u. Transparenz
- geringe Komplexität der Datenermittlung

Datenformat
- weak signals
- Berücksichtigung qualitativer und quantitativer Daten
- Leistungen & Kosten

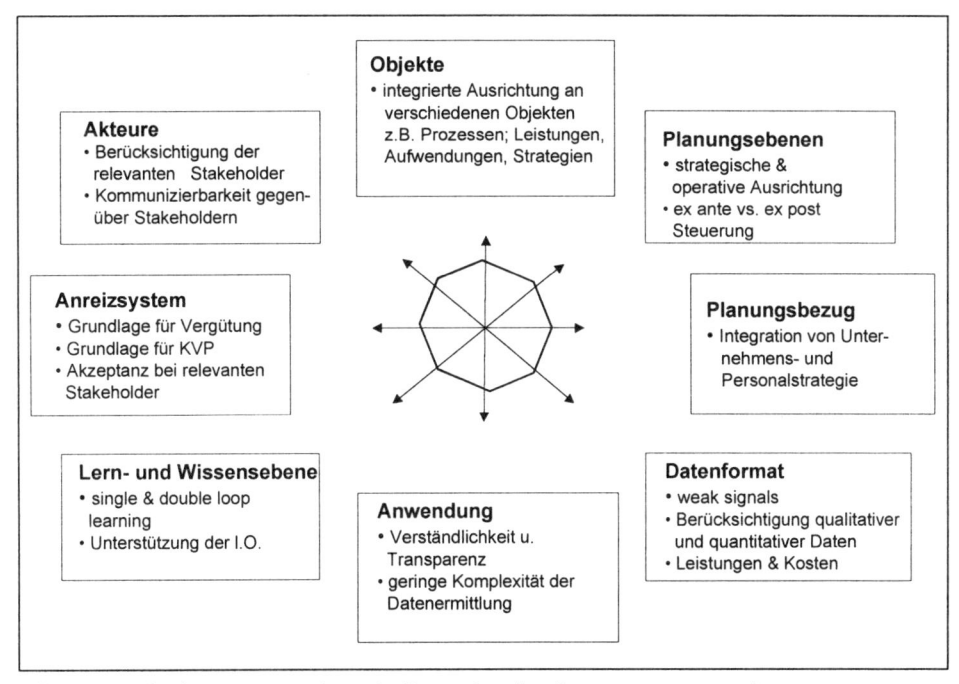

Abb. 1: Anforderungen an ein mehrdimensionales Steuerungssystem des Personalcontrollings

Je nach Zielsetzung und Ausrichtung des spezifischen betrieblichen Personalcontrollings werden die einzelne Punkte unterschiedlich gewichtet sein. Sie sollten aber alle berücksichtigt werden.

Die in der Praxis verwendeten Formen des Personalcontrollings beruhen in starkem Maße auf Kennzahlen, die durch vorhandene Rechner- und Softwaresysteme (z.B. SAP R3; Paisy) in zahlreicher Weise zur Verfügung gestellt werden können. Ein die Steuerung des Personalmanagements unterstützender Ansatz sollte auf diesen Voraussetzungen aufbauen. Kennzahlen werden aber bislang nur für eine punktuelle Steuerung eingesetzt. Es fehlt ein Ansatz, diese Informationen gemäß der obigen Vorgaben strategiegerecht zu ermitteln und zu verbinden. Nur so lässt sich eine Steuerung des Personalmanagements unterstützen.

2.2 Die Balanced Scorecard

Das derzeit weltweit diskutierte Konzept der *Balanced Scorecard* ist der am weitesten entwickelte Performance Measurement Ansatz zur Steuerung von Unternehmen, Geschäftsbereichen oder kleineren Organisationseinheiten. Die Grundidee ist eine gleichzeitige Berücksichtigung mehrerer Perspektiven und Stakeholder, um Strategien systematisch zu konkretisieren und relevante Steuerungsgrößen abzuleiten. Dies begründet sich aus der bereits diskutierten hohen Komplexität der Unternehmensumwelten und der Notwendigkeit der Schaffung und Beurteilung von komparativen Wettbewerbsvorteilen bei gleichzeitiger Beachtung der schwer veränderbaren Ziele eines gewachsenen und akzeptierten Rechnungswesensystems.[8] Durch diese integrierte mehrdimensionale Betrachtung und die damit verbundene Erweiterung des bislang vornehmlich finanziell geprägten Zielsystems, soll der strategische Erfolg sichergestellt, Erfolgsfaktoren identifiziert bzw. entwickelt und Kausalzusammenhänge und Erfolgsabhängigkeiten deutlich gemacht werden. Hierbei dienen die formulierten Unternehmens- und Bereichsstrategien als zentrale Ausgangspunkte. Diese werden in Leistungsziele übersetzt und in einem folgenden Schritt operativ umgesetzt.

Die Scorecard benutzt Messungen und Kennzahlen, um über den jetzigen und zukünftigen Erfolg aus verschiedenen Perspektiven zu informieren und die verschiedenen Stakeholder bezüglich der Erfolgstreiber der Organisation zu sensibilisieren. Ziel ist es, die Möglichkeiten und das Wissen des Einzelnen und der Organisation zu kanalisieren und auf die Erreichung der langfristigen Ziele hinzuarbeiten. Hierbei muss beachtet werden, dass mit der Messung von Maßnahmen und Abteilungen nicht die vorherrschende Auffassung der vergangenheitsbezogenen Verhaltens- und Ergebniskontrolle anhand vorliegender Plangrößen vertreten wird, sondern dass die Balanced Scorecard individuelle, organisatorische und abteilungsübergreifende Aktivitäten zur Erreichung gemeinsamer Ziele unterstützen soll. „The scorecard outcomes and performance drivers should measure those factors that create competitive advantage and breakthroughs for an organization".[9]

Die von Kaplan/Norton vorgestellte Scorecard enthält vier Perspektiven,[10] die es ermöglichen sollen, sich auf die entscheidenden Erfolgstreiber zu fokussieren und die gewähl-

---

[8] Vgl. Kaplan/Norton (1997), S. 7f.; Kaufmann, L. (1997), S. 421f.; Fink, C.A.; Grundel, C. (1998), S. 226. Das betriebliche Rechnungswesen dient zur Planung, Dokumentation und Kontrolle leistungswirtschaftlicher Ziele innerhalb eines Unternehmens. Demgemäß kann es als Informationssystem betrachtet werden, welches relevante quantitative ex-post und ex-ante Daten erfasst, speichert und verarbeitet. Vgl. u.a. Schierenbeck, H. (1989), S. 465 f.; Baetge, J. (1993), S. 1.

[9] Kaplan/Norton (1997a), S. 9

[10] Obwohl in der Literatur immer wieder darauf hingewiesen wird, dass es sich hierbei um keine Sollgröße handelt, haben sich die Anzahl und Bezeichnungen der Dimensionen in nahezu allen Veröffentlichungen und praktischen Umsetzungen durchgesetzt. Eine Ausnahme stellt eine dreidimensionale BSC mit den Dimensionen Shareholder, Wachstum und KVP dar. Vgl. Butler, A.; Letza, S.R. (1997), S. 242-253

ten Strategien und die mit ihnen verbundenen Zusammenhänge zu vermitteln. Es erfolgt eine Betrachtung auf Ebene der Geschäftseinheiten aus
- Finanzieller Perspektive (Sicht des Aktionärs),
- Kundenperspektive (Sicht des Kunden),
- Geschäftsprozessperspektive (Sicht nach Innen auf die Abläufe),
- Lern und Wachstumsperspektive (Sicht auf die notwendige Basis zur Sicherung langfristigen Wachstums).

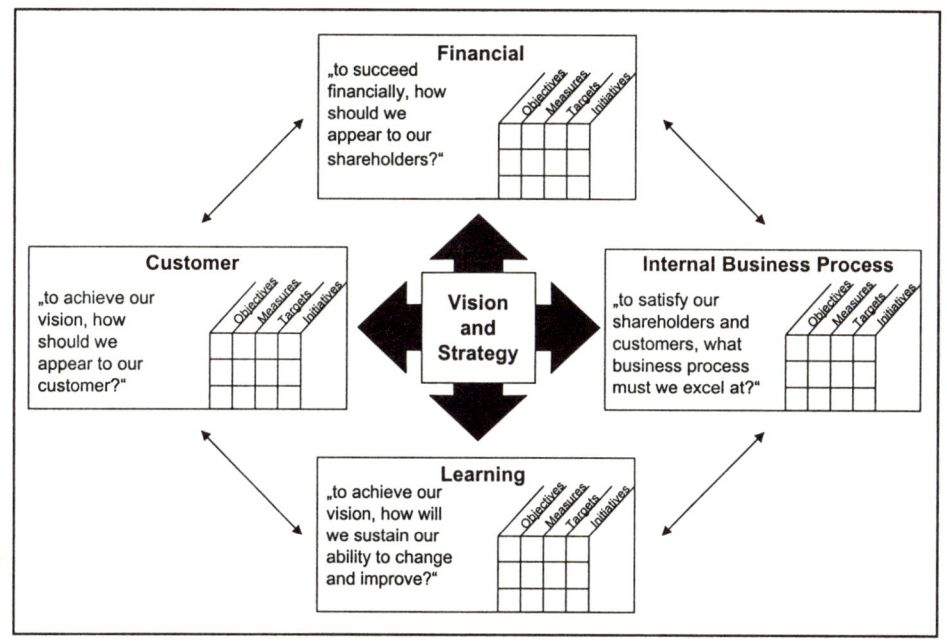

Abb. 2: Die Balanced Scorecard (Quelle: Kaplan, R.S.; Norton, D.P. (1996), S. 76)

Durch diese vier Dimensionen werden die vier erfolgskritischen Teilprozesse des Managements unter Berücksichtigung des Regelkreises verbunden.[11] Es wird so insbesondere den aufgestellten Forderungen nach einer
- externen und internen Leistungsparameter berücksichtigenden,
- die strategische und operative Ebene integrierenden,
- die Vision des Unternehmens und die daraus abgeleiteten Strategien im Vordergrund stehender

Steuerung gerecht. Diese vier gewählten Sichtweisen ermöglichen eine ausgewogene Betrachtung lang- und kurzfristiger Ziele, harter objektiver und weicherer subjektiver

---

[11] vgl. Horváth, P.; Kaufmann, L. (1998), S. 41

Kennzahlen sowie eine Betrachtung der erzielten und zukünftigen Ergebnisse und der für diese Ergebnisse verantwortlichen Mess- und Treibergrößen.[12]

---

[12] vgl. Kaplan, Norton (1997b), S. 318, dieselb. (1997a), S. 9

3. Konzeption einer Balanced Scorecard für das kundenorientierte Personalmanagement

3.1 Grundsätzliche Vorgehensweise bei Übertragung der Balanced Scorecard auf das Personalmanagement

Aus der Skizzierung der Grundidee der Balanced Scorecard geht hervor, dass der Einsatz einer Balanced Scorecard zur Steuerungsunterstützung des Personalmanagements nur sinnvoll ist, wenn das Personalmanagement ein formuliertes Leitbild und eine entsprechende Personalstrategie besitzt. Sollte das betriebliche Personalmanagement eine „reine Erfüllungsfunktion" ohne eigene strategische Zielsetzungen darstellen, sollten die Instrumente und Methoden des Unternehmenscontrolling verwendet werden, um eine einheitlich ausgerichtete Steuerung zu ermöglichen. Dies bedeutet, dass das Personalmanagement in einer Unternehmensscorecard Berücksichtigung finden würde. In einem *ersten Schritt* ist daher zu prüfen, ob das Personalmanagement ein eigenes Leitbild hat und wie dieses formuliert ist.

In einem *zweiten Schritt* müssen die für eine umfassende Steuerung der durch das Leitbild abgeleiteten Strategien des Personalmanagements notwendigen Perspektiven identifiziert werden. Die Balanced Scorecard wurde originär für eine Steuerung strategischer Geschäftseinheiten konzipiert. Das Personalmanagement stellt demgegenüber eine unterstützende Service- und Dienstleistungseinheit mit z.T. eigenen strategischen Inhalten dar. Es lassen sich die von Kaplan und Norton vorgeschlagenen Sichtweisen (Finanzielle, Kunden-, interne Prozess- und Lernperspektive) nicht 1:1 auf das betriebliche Personalmanagement übertragen. Die Performance des Personalmanagements lässt sich nicht adäquat durch diese Perspektiven abbilden. Es müssen Perspektiven gefunden werden, die den Besonderheiten des Personalmanagements Rechnung tragen, die den Prinzipien einer ausgewogenen, mulidimensionalen und erfolgskritischen Betrachtung entsprechen und eine Steuerung gemäß der strategischen Zielsetzung ermöglichen.

Pragmatisch kann bei der Formulierung der Perspektiven anhand der folgenden Fragen vorgegangen werden:
- Wer sind die erfolgskritischen Anspruchsgruppen des Personalmanagements?
- Welche Anforderungen stellen diese Gruppen?
- Welches sind die kritischen Erfolgsfaktoren, um diese Anforderungen umfassend und auch dauerhaft zu erfüllen?

In einem *dritten Schritt* müssen die aussagefähigen Maßgrößen und Kennzahlen festgelegt werden. Hierbei können drei Phasen unterschieden werden. Zunächst müssen innerhalb der einzelnen Perspektiven die zur Umsetzung der Strategie notwendigen spezifischen Ziele formuliert werden. Folgend werden Maßgrößen identifiziert und formuliert, die diese Ziele abbilden können. Zugleich wird ein Soll-Wert festgelegt. Innerhalb der dritten Phase wird der Zielerreichungsgrad gemessen.

Durch diesen Entwicklungsprozess werden die strategischen Ziele konkretisiert und die Erfolgstreiber identifiziert. Die folgende Abbildung fasst die Vorgehensweise der Formulierung einer Balanced Scorecard für das Personalmanagement zusammen:

Leitfragen zur Konzeption einer Balanced Scorecard für das Personalmanagement

1. Besitzt der Personalbereich ein eigenständiges Leitbild oder Strategie?

2. Welches sind die erfolgskritischen Perspektiven des Personalmanagements?
   - Welche Anspruchsgruppen sind erfolgskritisch?
   - Welche Performanceanforderungen haben diese Anspruchsgruppen?
   - Welches sind die kritischen Erfolgsfaktoren, um die Performanceanforderungen zu erfüllen?
   - Welche Anforderungen werden in das Steuerungssystem integriert?

3. Welche Maßgrößen können zur Performance Messung eingesetzt werden?
   - Formulierung spezifischer strategischer Ziele innerhalb der Perspektiven.
   - Festlegung der Kennzahlen und des zu erreichenden Soll-Wertes.
   - Feststellen des Zielerreichungsgrades.

Abb. 3: Checkliste zur Konzeption einer BSC für das Personalmanagement

3.2 Kundenorientierung als Leitbild des Personalmanagements

In der Literatur und in der Unternehmenspraxis hat sich die „Kundenorientierung" als Leitbild eines modernen Personalmanagements durchgesetzt.[13] Die Auffassung darüber, was unter diesem Begriffsfeld zu subsumieren ist, unterliegt oftmals sehr unterschiedlichen und subjektiven Ausprägungen. Übereinstimmung liegt jedoch in der Auffassung, dass durch einen konsequent ausgeprägten *customer focus* die komparative Wettbewerbsfähigkeit erhalten, ausgebaut oder sogar wiederhergestellt werden kann. Im einzelnen lassen sich folgende Punkte aufführen.

Personalarbeit als kundenorientierte Dienst- und Serviceleistung
- berücksichtigt relevante Stakeholder und
- folgt daher einerseits dem Gedanken eines added value und
- andererseits werden soziale Perspektiven berücksichtigt,
- es bildet unternehmerisches Denken und Handeln heraus,
- unterstützt die Lern- und Wissensorientierung im Unternehmen und
- greift ein im Unternehmen verfolgtes und bekanntes Bild auf.

Aus diesen Gründen bildet Kundenorientierung die Basis für zukunftsgerichtete, umfassende Personalstrategien und kann daher als Grundlage einer Balanced Scorecard für das Personalmanagement (HR-BSC) angesehen werden.

3.3 Perspektiven einer HR-BSC

3.3.1 Die Ableitung relevanter Perspektiven

Die für eine HR-BSC auszuwählenden Perspektiven sollen eine umfassende Steuerung des Personalmanagements ermöglichen. Ziel ist es, diese Sichtweisen zu identifizieren und zu steuern, um den langfristigen Erfolg des kundenorientierten Personalmanagements und folgend auch den Unternehmenserfolg beeinflussen zu können.[14] Für die Formulierung einer HR-Balanced Scorecard ist es daher notwendig, diese Erfolgsdimensionen zu ermitteln.

---

[13] Vgl. Ackermann, K.-F.; Meyer, M. (1998)
[14] Diese Aussage impliziert die Annahme, dass das Personalmanagement als unterstützende Wertaktivität einen (wesentlichen) Beitrag zum Unternehmenserfolg leistet.

In einem ersten Schritt müssen die Anforderungen der erfolgskritischen Anspruchsgruppen ermittelt werden. Dies begründet sich in der Tatsache, dass diese Gruppen eine Machtposition besitzen, ihre Ansprüche auch entsprechend formulieren werden und den Erfolg maßgeblich beeinflussen. Es ist daher notwendig die relevanten Kunden zu ermitteln und deren Performanceanforderungen zu konkretisieren. Hierbei ist es nicht ausreichend, lediglich eine Rangfolge der Stakeholder-Prioritäten zu erstellen. Es ist insbesondere darauf zu achten, dass die Erwartungen der Anspruchsgruppen messbar sind. Dies bedeutet, dass operationalisierbare Kriterien gefunden werden müssen.[15]

Folgt man den bestehenden Untersuchungen zur Kundenidentifikation[16] im Personalmanagement lassen sich folgende Gruppen ermitteln, wobei zwischen internen und externen Kunden unterschieden wird.

Interne Kunden	**Externe Kunden**
• Mitarbeiter	• Endkunden
• Führungskräfte	• Lieferanten
• Geschäftsleitung / Unternehmensführung	• Gewerkschaften, Verbände
	• Shareholder
• Betriebsrat	• ...

Abb. 4: Kunden des Personalmanagements (Quelle: Meyer, M. (1998), S. 242)

Als zentrale Kundengruppen werden hierbei übereinstimmend
- Mitarbeiter,
- Führungskräfte,
- Management
- und Shareholder identifiziert.

---

[15] Vgl. Klingebiel, N. (1997), S. 656
[16] Vgl. zum Stakeholderansatz als Grundlage der Kundenidentifikation Wierum, D. (1998), S. 146ff. Für weitere Ansätze zur Kundentypologisierung vgl. ebenda, S. 140-150

Unter Berücksichtigung der Ansprüche dieser Kundengruppen lassen sich relevante Perspektiven einer HR-BSC identifizieren.[17] Durch die Analyse der Ansprüche der relevanten Stakeholder lassen sich zwei Perspektiven der HR-BSC ableiten: Eine Wirtschaftlichkeits- und eine Mitarbeiterdimension.

Eine „rein" stakeholderorientierte Ausrichtung erscheint vor dem Hintergrund der oben formulierten Anforderungen an ein kundenorientiertes Personalmanagement aber nicht ausreichend, da hierdurch keine explizite Ausrichtung an der Ausgestaltung von Personalleistungen, internen Abläufen und der den zukünftigen Erfolg determinierenden Basisgrundlagen gelegt wird. Diese Sichtweisen müssen aber ebenfalls in einer HR-BSC berücksichtigt werden, um auch einen langfristigen Erfolg zu sichern, der wiederum im Interesse der relevanten Stakeholder liegt. Es lassen sich für eine erfolgreiche Personalarbeit kritische Erfolgsdimensionen „Qualität" und „Wissen" ergänzen (vgl. Abb. 5):

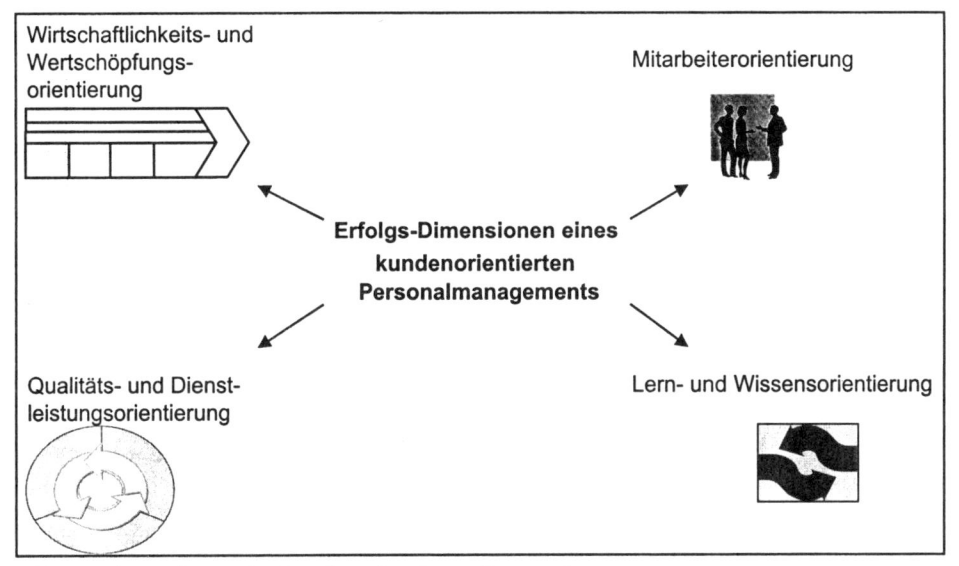

Abb. 5: Dimensionen des kundenorientierten Personalmanagements

Im folgenden werden diese Dimensionen näher begründet.

3.3.2 Die Wirtschaftlichkeitsperspektive

Die am finanziellen Ertrag des Unternehmens orientierten Ansprüche der Shareholder lassen sich direkt auf das kundenorientierte Personalmanagement übertragen. Als unter-

---

[17] Diese Vorgehensweise entspricht dem von Kaplan und Norton propagierten Stakeholdergedanken.

stützende Wertaktivität muss es einen Betrag zur Erzielung eines added value leisten.[18] Das Personalmanagement muss sich folglich auch hinsichtlich seiner wirtschaftlichen Leistungsfähigkeit messen lassen. Zur Erreichung seiner Ansprüche 'bedient' sich der Shareholder des Managements. Folglich werden die finanziellen Ansprüche der Shareholder über das Management an das Personalmanagement weitergegeben. Diese beiden Stakeholdergruppen stellen folglich ähnliche Anforderungen an die Inhalte eines Personalmanagements und abgeleitet an die Ausrichtung eines Personalcontrollings. Es lässt sich direkt eine *Wirtschaftlichkeitsperspektive* definieren. Durch eine Formulierung dieser Dimension wird eine direkte Verbindung zum Unternehmen und seinem Controlling hergestellt.

3.3.3 Die Mitarbeiterperspektive

Die Zufriedenheit von Mitarbeitern stellt eine wesentliche Grundlage für den Erfolg von Unternehmen dar. Gesetzte betriebliche Ziele können nur erreicht werden, wenn sich Mitarbeiter mit ihrer Aufgabe und dem Unternehmen identifizieren und eine entsprechende Motivation vorhanden ist. Die Bereitschaft der Mitarbeiter sich für diese Ziele einzusetzen „hängt davon ab, inwieweit ihre eigene Arbeits- und Führungssituation so gestaltet ist, dass sie selbst keine gravierenden Defizite verspüren."[19] Zwar liegen noch keine abschließenden, theoretisch fundierte und empirisch gesicherte wissenschaftliche Ergebnisse vor, die Plausibilität dieses Zusammenhanges wird aber durch konkrete Erfahrungen gestützt.[20]

Neben der Ausgestaltung der Arbeitssituation ist demnach die Führungssituation von wesentlicher Bedeutung für den Grad der Mitarbeiterzufriedenheit. Diese personifiziert sich in Form der Führungskräfte. Innerhalb der Mitarbeiterperspektive werden daher aufgrund des kausalen Zusammenhanges die Ansprüche der „Kunden" Mitarbeiter und Führungskraft berücksichtigt. Das Ziel einer Messung der *Mitarbeiterperspektive* ist es, die leistungs- und zufriedenheitsorientierte Mitarbeiterführung als Voraussetzung zur Steigerung der finanziellen Performance zu evaluieren und Abweichungen zur Mitarbeiterzufriedenheit zu erkennen und zu steuern. Die Mitarbeiterperspektive hat somit einen Einfluss auf die Wirtschaftlichkeitsperspektive des Personalmanagement als auch direkt auf die finanzielle Unternehmensperformance. Die Mitarbeiterperspektive stellt somit auch eine direkte Verbindung zum Unternehmensperformance dar. Die geforderte Integration des Personalcontrollings mit dem Unternehmenscontrolling wird somit um eine qualitative Dimension erweitert.

---

[18] Vgl. Porter, M.E. (1985)
[19] Töpfer, A. (1995), S. 10
[20] Vgl. ebenda, S. 10f.

3.3.4 Die Qualitätsperspektive

Empirische Untersuchungen haben gezeigt, dass die Qualität des Personalmanagements einen wesentlichen Einfluss auf die Unternehmensperformance hat. Beispielhaft sei die Studie der Society for Human Resource Management und der CCH Inc. angeführt. Hierbei wurden Unternehmen nach Umfang und Qualität ihrer Personalmanagementaktivitäten beurteilt und das Ergebnis bezüglich einer möglichen Korrelation mit finanziellen Kennzahlen untersucht. Das Ergebnis zeigte eindeutig, dass alle Unternehmen, die eine hohe Qualität ihrer Personalaktivitäten aufweisen, auch höhere Unternehmensergebnisse dokumentieren konnten.[21] Aufgrund des Designs der Studie kann leider keine Allgemeingültigkeit abgeleitet werden.[22] Es dokumentiert aber die Bedeutung der Qualität von Personalmanagementaktivitäten und die Notwendigkeit diese innerhalb eines geeigneten Controllingverfahrens zu messen und zu steuern.

Um die Qualität im Personalbereich aber messbar zu machen, muss der Qualitätsbegriff weiter differenziert werden.[23] Als Strukturierungsansatz bietet sich hierzu das Qualitätsmodell von Gerpott an.[24] In Abhängigkeit des Outputs der Personalarbeit (standardisierter Output vs. Dienstleistungen) unterscheidet er die Produkt- bzw. Kundenqualität.

---

[21] Diese Aussagen werden durch eine durch die Rutgers Universität durchgeführte Studie bestätigt. Hierbei wurden 968 Unternehmen befragt. Das Ergebnis war, dass Umsatz, Produktivität und Gewinn bei einer Intensivierung von Personalmanagementmaßnahmen gesteigert werden. Vgl. Ulrich, D, (1997), S. 305 f.

[22] Es handelt sich bei dieser Untersuchung um eine reine ceteris-paribus Betrachtung. Es wurden nur die beiden Variablen finanzielles Ergebnis und Qualität betrachtet. Hierdurch können keine endgültig validen Ergebnisse erzielt werden.

[23] In den meisten Veröffentlichungen zur Qualität des Personalmanagements wird zwischen einer produkt- und kundenbezogenen Qualität unterschieden. Zur Abgrenzung und Bewertung vgl. u.a. Marr, R.; Göhre, O. (1997); Wunderer, R. (1995a); Tsui, A.S. (1990); Ulrich, D.; Brockbank, W.; Yeung, A. (1989)

[24] Vgl. Gerpott, T. (1996), S. 256. Das Modell baut auf den Überlegungen von Donabedian auf, der eine aus Kundensicht vorgenommene Beurteilung von Dienstleistungen vorstellt. Vgl. Donabedian, A. (1980), S. 79-86.

Standardisierter Output	Dienstleistungen		
= Outputs, die unaufdingbar, v.a. durch Rechtsvorschriften, auferlegt sind	= Einzelfallbezogene Outputs mit einem hoher Immaterialitätsgrad und unterschiedlichen Standardisierungsgraden		
Produktqualität	Kundenbezogene Qualitätssicht		
	= Erfüllungsgrad bezüglich bestimmter Dienstleistungsmerkmale		
	Potentialqualität	Prozessqualität	Ergebnisqualität
	Die (vermutete) Leistungsfähigkeit des Personalmanagements	Art und Weise der für die Leistungserstellung notwendigen Aktivitäten	Objektiv erfassbare Wirkungen der Dienstleistungen z.B. Fehlerquoten, Reklamationen in der Entgeltabrechnung etc.

Abb. 6: Der personalwirtschaftliche Qualitätsbegriff nach Gerpott (Quelle: In Anlehnung an Gerpott, T. (1996), S. 256)

Das Modell verdeutlicht, dass die kundenbezogene Qualitätssicht die Qualität des Personalmanagements zielfördernder darstellen kann. Es werden vor allem die Dienstleistungen beleuchtet, die für die identifizierten Kunden am kritischsten sind. Durch die explizite Berücksichtigung einer Prozess- bzw. Ergebnisqualität wird zudem die von Kaplan und Norton geforderte interne Prozessperspektive in diese Perspektive integriert. Es wird sich auf die Prozesse der Personalarbeit konzentriert, die für eine erfolgreiche Umsetzung der Strategie notwendig sind. Sie werden jedoch um für das kundenorientierte Personalmanagement wesentliche Leistungsaspekte erweitert.

Hierbei darf allerdings die (objektive) Produkt- bzw. Leistungsorientierung nicht verloren gehen, denn um den Kunden ein qualitätsorientiertes Personalmanagement anbieten zu können, sollten Standards bezüglich einzelner Merkmale und Attribute gesetzt werden, was im Sinne des produktorientierten Ansatzes erfolgen würde. Nur so ist es möglich, personalwirtschaftliche Qualität zu umfassend zu operationalisieren und geeignete Maßgrößen identifizieren zu können.

3.3.5 Die Wissens- und Lernperspektive

Durch die Berücksichtigung einer Wissensperspektive werden die Grundlagen für die zukünftige Entwicklung des Unternehmens innerhalb der HR-BSC berücksichtigt. Wissen stellt eine bedeutende, wenn nicht sogar die wichtigste strategische Ressource im

Unternehmen dar, da es die Basis für den langfristigen Erfolg bildet.[25] Ein dauerhafter komparativer Konkurrenzvorteil lässt sich nicht durch Investitionen in Sachanlagen erzielen, da dieser Vorteil durch den Wettbewerber schnell aufzuholen ist. Investitionen in das Wissen eines Unternehmens sind kurzfristig nicht imitierbar und nur unter erhöhtem finanziellen Aufwand nachzuholen.[26] Ziel eines jeden Unternehmens muss es daher sein, die treibenden Faktoren von Wissen zu identifizieren und zu steuern.

Neben einer Gestaltung der Informations- und Kommunikationstechnologien steht insbesondere die Gestaltung des an die Humanressourcen gebundenen Wissen im Vordergrund. Dies begründet sich schon aus der allgemeinen Wissens-Definition von Probst et. al., aus der hervorgeht, dass Wissen an Personen und somit an Mitarbeiter gekoppelt ist.[27] Ein humanzentriertes Wissensmanagement konzentriert sich auf den Menschen als Wissensträger. Es muss versucht werden, den Wissenstransfer zu ermöglichen und sicherzustellen, um das Innovations- und Kreativitätspotential von Mitarbeitern zielgerichtet, flexibel und schnell einzusetzen. Wissensmanagement ist somit als originäre Aufgabe des Personalmanagements anzusehen und muss demzufolge auch „controlled" werden. Die Balanced Scorecard zeigt auf, dass eine Erweiterung der Wissensbasis Verbesserungen der Qualität und der Prozesse nach sich zieht und über diesen Weg einen indirekten Einfluss auf die Mitarbeiterperspektive besitzt. Durch eine konsequente Verfolgung der Wissensziele werden aber auch die Mitarbeiterziele direkt erreicht, so dass eine höhere Mitarbeiterzufriedenheit zu erwarten ist, was sich letztlich auch positiv auf die dem Personalmanagement zuzurechnenden finanziellen Erfolge auswirkt.

3.4 Die HR-BSC

Eine Balanced Scorecard für das kundenorientierte Personalmanagement könnte aufgrund der obigen Aussagen folgendes Aussehen haben:

---

[25] So wird der Wertschöpfungsanteil des Produktionsfaktors Wissen auf 60-80 % geschätzt. Vgl. Palass, B. (1997), S. 114
[26] Vgl. Pfeffer, J. (1994), S. 10ff. aus Bühner/Breitkopf S. 144
[27] Probst, G.J.; Raub, S.; Romhard, K. (1997), S. 44, „Wissen bedeutet die Gesamtheit der Kenntnisse und Fähigkeiten, die Individuen zur Lösung von Problemen einsetzen. Dies umfasst sowohl theoretische Erkenntnisse als auch praktische Alltagsregeln und Handlungsanweisungen. Wissen stützt sich auf Daten und Informationen und ist im Gegensatz zu diesen jedoch immer an Personen gebunden. Es wird von Individuen konstruiert und repräsentiert deren Erwartungen über Ursache-Wirkungszusammenhänge."

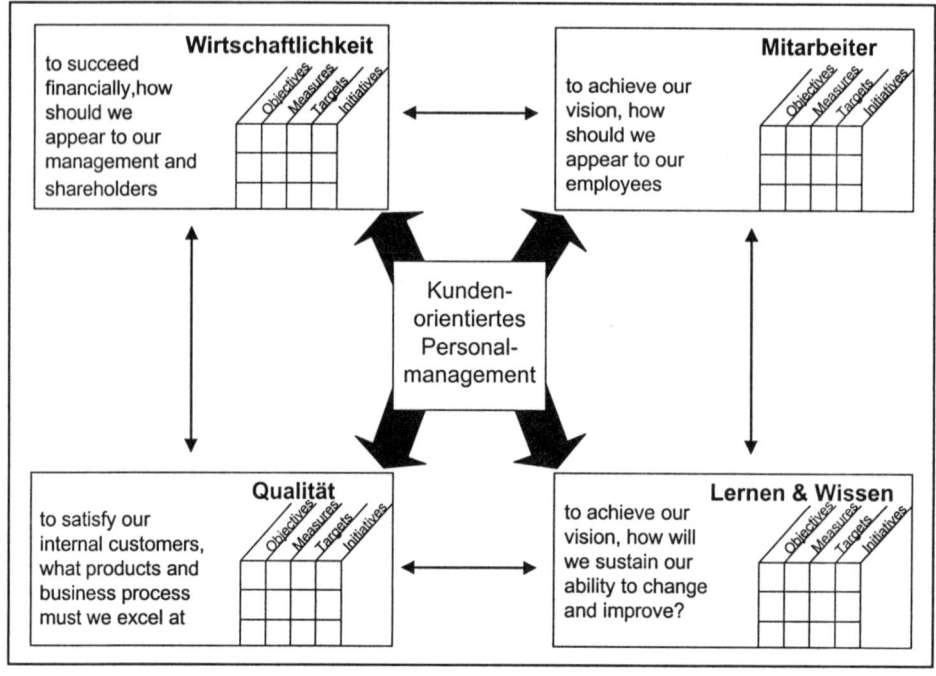

Abb. 7: Die HR-BSC

Mit der Formulierung der Wirtschaftlichkeits- und Mitarbeiterperspektive wurden zwei Ergebnisdimensionen formuliert, während die Qualitäts- und insbesondere die Lern- und Wissensperspektive die Potenziale der Personalarbeit beinhalten. Betont werden muss die enge Verbindung der Dimensionen, die eine überschneidungsfreie Abgrenzung nicht immer zulässt.

In einem Folgeschritt müssen nun die Kennzahlen gefunden werden, die den spezifischen Zielsetzungen der einzelnen Sichtweisen entspricht. Da diese letztlich auch innerhalb der vorgestellten Sichtweisen für jedes Unternehmen spezifisch gewählt werden müssen, soll die folgende Abbildung nur potenzielle Ausgestaltungen aufzeigen. Bei der Auswahl der relevanten Kennzahlen ist es wichtig, sich die Verknüpfungen zwischen den Kennzahlen deutlich zu machen.

Wirtschaftlichkeit
- Wertschöpfung (pro Mitarbeiter) oder Cash Flow (pro Mitarbeiter)
- Personalkosten (absolut und relativ)
- Produktivitätskennzahlen (pro Mitarbeiter oder pro Team)

Mitarbeiter
- Kennzahlen zur Mitarbeiterzufriedenheit (Indices)
- Absentismusquote; Fluktuationsquote, durchschnittliche Betriebszugehörigkeit
- Frauenquote, Durchschnittsalter
- Teilzeitquote
- Struktur des Zielvereinbarungssystems
- Hierarchie- und Teamstrukturen

Kundenorientiertes Personalmanagement

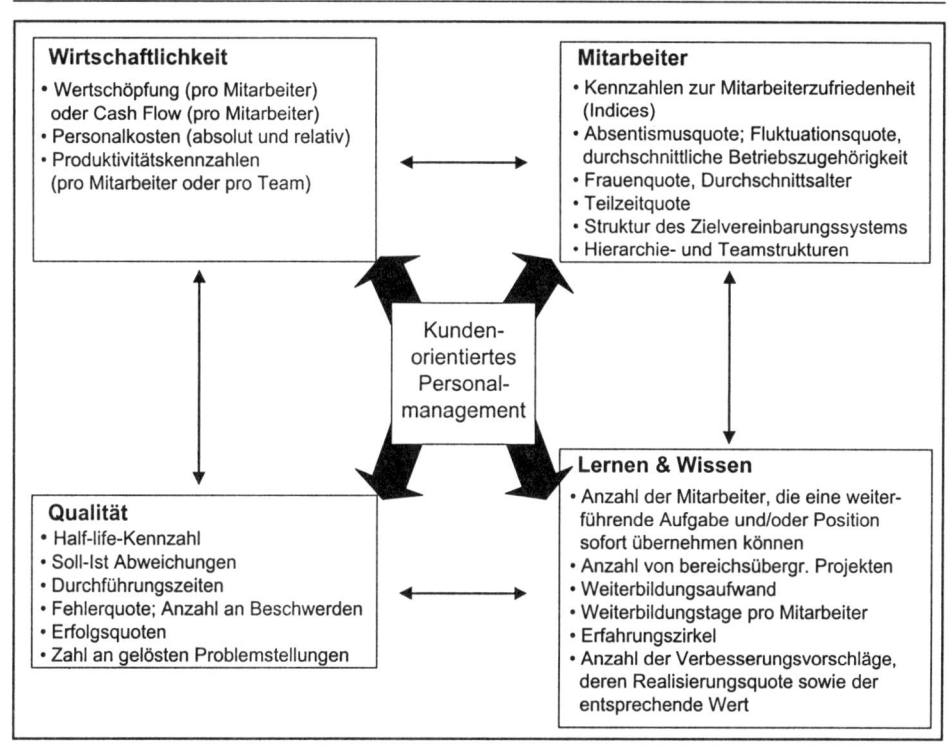

Qualität
- Half-life-Kennzahl
- Soll-Ist Abweichungen
- Durchführungszeiten
- Fehlerquote; Anzahl an Beschwerden
- Erfolgsquoten
- Zahl an gelösten Problemstellungen

Lernen & Wissen
- Anzahl der Mitarbeiter, die eine weiterführende Aufgabe und/oder Position sofort übernehmen können
- Anzahl von bereichsübergr. Projekten
- Weiterbildungsaufwand
- Weiterbildungstage pro Mitarbeiter
- Erfahrungszirkel
- Anzahl der Verbesserungsvorschläge, deren Realisierungsquote sowie der entsprechende Wert

Abb. 8: Mögliche Maßgrößen für eine HR-BSC

4. Zusammenfassung

Die vorangegangenen Gedanken skizzierten die Anforderungen an das betriebliche Personalcontrolling. Es wurde deutlich, dass eine Abkehr von zentralen Zahlenfriedhöfen hin zu einer transparenten, quantitativen und qualitativen Ansprüchen gerecht werdenden Steuerung des Personalmanagement stattfindet. Herausgestellt wurde die Einbeziehung der Kunden der Personalarbeit innerhalb des Personalcontrolling. Nur durch diese kundenorientierte Kopplung wird sich größere Verantwortungsbereitschaft und Effizienz niederschlagen.

Die Balanced Scorecard stellt einen Ansatz dar, der die Forderungen nach einer integrativen und umfassenden Führungsunterstützung umsetzen kann. Durch die Formulierung der vier Sichtweisen wird eine umfassende Beurteilung des Personalmanagements möglich. Es kann gemessen werden, inwieweit das Personalmanagement für seine Kunden wertschöpfend arbeitet. Es wird deutlich, in welcher Form die eigenen Leistungen und Möglichkeiten gestaltet werden müssen, um auch zukünftig einen Beitrag zur Leistungssteigerung des Unternehmens leisten zu können. Mittels einer Balanced Scorecard erhält das Personalcontrolling einen Ansatz, welcher ein Verständnis der Ziele innerhalb eines komplexen Umfeldes ermöglicht. Durch die Messung aus verschiedenen Perspektiven werden sowohl die Leistung als auch die Leistungstreiber identifiziert und gemessen und die Bedeutung des Personalmanagements für den Unternehmenserfolg herausgearbeitet.

Neben der Messung und Beurteilung dient die HR-BSC auch einer Kommunikation der strategischen Personalziele innerhalb und außerhalb des Personalbereichs. Es ist eine effizientere Verknüpfung mit den strategischen Initiativen des Unternehmens möglich.

Zusammenfassend kommt man zu dem Urteil, dass es möglich und sinnvoll ist, eine *eigenständige* Balanced Scorecard für das Personalmanagement zu entwickeln, da einerseits die Umsetzung der Bereichsstrategien umfassend gemessen und kommuniziert wird als auch andererseits eine Verknüpfung mit den weiteren Aktivitäten des Unternehmens unterstützt wird.

5. Literaturverzeichnis

Ackermann, K.-F., **Meyer**, M. (1998), Kundenorientierung im Personalmanagement – auf dem Weg zum Dienstleistungszentrum Personalabteilung, in: **Ackermann**, K.-F, **Meyer**, M., **Mez**, B. (Hrsg.), Die kundenorientierte Personalbteilung, Wiesbaden 1997, S. 3 - 28

Baetge, J., (1993), Bilanzen, Düsseldorf 1993

Brunner, J., **Sprich**, O. (1998), Performance Management und Balanced Scorecard, in ioManagement, H.6, 1998, S. 30 - 36

Butler, A., **Letza**, S.R. (1997,) Linking the Balanced Scorecard to strategy, in: Long Range Planning, 30. Jg. 1997, S. 242 - 253

Fink, C. A., **Grundler**, C. (1998), Strategieimplementierung im turbulenten Umfeld - Steuerung der Firma fischerwerke mit der Balanced Scorecard, in: Controlling, H. 4, 1998, S. 226 - 235

Gerpott, T. J. (1996), Qualitätsmanagement im Personalbereich. Personalarbeit und Kundenorientierung, in: CoPers Computergestützte und operative Personalarbeit, H. 5, 4. Jg., 1996, S. 256 - 261

Gleich, R. (1997), Balanced Scorecard, in: Die Betriebswirtschaft, H. 3, 57. Jg., 1997, S. 432 - 435

Groth, U., **Kammel**, A. (1993), Personal-Controlling: Von der Konzeptionalisierung zur Implementierung, in ZfP, H. 4, 1993, S. 468 - 488

Grünig, R., **Heckner**, F., **Zeus**, A. (1996), Methoden zur Identifikation strategischer Erfolgsfaktoren, in: Die Unternehmung, H.1, 49. Jg., 1996, S. 3 - 12

Horváth, P., **Kaufmann**, L. (1998), Balanced Scorecard - ein Werkzeug zur Umsetzung von Strategien, in: Harvard Business manager, H. 5, 1998, S. 39 - 48

Kaplan, R.S., **Norton** D.P. (1996), Translating strategy into action - The Balanced Scorecard, Boston 1996

Kaplan, R.S., **Norton** D.P. (1997), Balanced Scorecard - Strategien erfolgreich umsetzen, Stuttgart 1997

Kaplan, R.S., **Norton** D.P. (1997a), Why does Business need a Balanced Scorecard, in: Journal of Strategic Performance Measurement, February-March, 1997, S. 5 - 11

Kaplan, R.S., **Norton** D.P. (1997b), Strategieumsetzung mit Hilfe der Balanced Scorecard, in: **Gleich**, R., **Seidenschwarz**, W. (Hrsg.), Die Kunst des Controlling, Stuttgart 1997, S. 313 - 342

Kaufmann, L. (1997), ZP-Stichwort: Balanced Scorecard, in: Zeitschrift für Planung, H. 8, 1997, S. 421 - 428

Klingebiel, N. (1997), Performance Measurement-Systeme, in: WISU, H. 7, 1997, S. 655 - 663

Lichtsteiner, R.A. (1997), Meßgrößen zur strategischen Führung im Personalmanagement, in: **Klimecki**, R.G., **Remer**, A. (Hrsg.), Personal als Strategie: mit flexiblen und lernbereiten Human-Ressourcen Kernkompetenzen aufbauen, Neuwied 1997, S. 319 - 337

Marr, R., **Göhre**, O. (1997), Die Entwicklung eines Qualitätskonzeptes für das Personalmanagement - Ein erster empirischer Ansatz, in: **Klimecki**, R.G., **Remer**, A. (Hrsg.), Personal als Strategie: mit flexiblen und lernbereiten Human-Ressourcen Kernkompetenzen aufbauen, Neuwied 1997, S. 367 - 417

Meyer, M. (1998), Mitarbeiterführung im Lernenden Unternehmen, Wiesbaden 1998

Palass, B. (1997), Der Schatz in den Köpfen, in: manager magazin, H. 1, 1997, S. 112 - 121

Pfeffer, J. (1994), Competitive advantage through people, in: California Management Review, 36. Jg., H. 2. 1994, S. 9 - 28

Probst, G.J., **Raub**, S., **Romhard**, K. (1997), Wissen managen, Frankfurt/M. u.a., 1997

Schierenbeck, H. (1989), Grundzüge der Betriebswirtschaftslehre, 10. Aufl., München u.a.1989

Töpfer, A. (1995), Kunden-Zufriedenheit durch Mitarbeiter-Zufriedenheit, in: Personalwirtschaft, H. 8, 1995, S. 10 - 15

Tsui, A. (1990), A Multiple-Constituency Modell of Effectiveness: An empirical Examination at the Human Resource Subunit Level, in: Administrative Science Quaterly, H. 3, 1990, S. 458 - 483

Ulrich, D. (1997), Meauring Human Resources: an overview of practice and a prescription for results, in: Human Resource Management, H. 3, 36. Jg., 1997, S. 303 - 320

Ulrich, D., **Brockbank**, W., **Yeung**, A. (1989), Beyond Belief: A Benchmark for Human Resources, in: Human Resource Management, H. 3, 28. Jg., 1989, S. 311 - 335

Wierum, D. (1997), Identifizierung und Typologisierung von Kunden der Personalabteilung, in: **Ackermann**, K.-F, **Meyer**, M., **Mez**, B. (Hrsg.), Die kundenorientierte Personalbteilung, Wiesbaden 1997, S. 137 - 156

Wunderer, R. (1995), Qualitätsförderung und Personalmanagement am Beispiel des Europäischen Modells, in: Personalwirtschaft, H. 6, 1995, S. 15 - 18

Wunderer, R., **Arx**, S.v. (1998), Personalmanagement als Wertschöpfungs-Center : integriertes Organisations- und Personalentwicklungskonzept, Wiesbaden 1998

Wunderer, R., **Arx**, S.v., **Jaritz**, A. (1998), Beitrag des Personalmanagements zur Wertschöpfung im Unternehmen, in: Personal, H. 7, 1998, S. 346 - 350

Wunderer, R., **Jaritz**, A. (1999), Evaluation der Wertschöpfung im Personalmanagement, in: Personalwirtschaft, H. 8, 1999, S. 47 - 52

Teil II

Praxis der Balanced Scorecard-Personal

Dr. Andreas Guldin

Balanced Scorecard und Elemente ganzheitlicher Führung - Anwendungen bei der E. Breuninger GmbH & Co.

Inhaltsverzeichnis

1. Einführung 105
2. Balanced Scorecard 107
   - 2.1 Steuerungssystem einer unternehmensweiten strategischen Ausrichtung 108
   - 2.2 Funktionsspezifische Balanced Scorecards 110
   - 2.3 Ganzheitliche Führung und Balanced Scorecard 110
3. Ganzheitliche Führung 112
   - 3.1 Spannungsfeld zwischen "Wunsch- und Real-Welt" 112
   - 3.2 Ganzheitlichkeit einmal ganz praktisch betrachtet 113
4. Das "Führungsviereck" als weiteres Beispiel ganzheitlicher Führung 115
   - 4.1 Elemente des Führungsvierecks 116
   - 4.2 Managementprozess des Führungsvierecks 117
   - 4.3 Spezifische Aufgaben des Personalwesens 118
5. Erfahrungen und Schlußfolgerungen 120
6. Literaturverzeichnis 121

1. Einführung

Zielsetzung der Ausführungen ist es, einen Einblick in praktische Anwendungen eines an Ganzheitlichkeit ausgerichteten Managements und einer dementsprechenden Führungsphilosophie bei der E. Breuninger GmbH & Co. zu geben. Dabei werden zwei Instrumente als konkrete Ausprägungen einer ganzheitlichen Führung illustriert: die Balanced Scorecard und das Führungsviereck, wobei erstgenannter Begriff seit den Ausführungen von Kaplan & Norton (1996 a,b) bekannt ist, hingegen das "Führungsviereck" ein Spezifikum des Hauses Breuninger in der Steuerung von Verkaufsabteilungen darstellt. An dieser Stelle sei jedoch betont, dass der Terminus "Instrument" für "Balanced Scorecard" und "Führungsviereck" wohl zu kurz greift, legt er doch eine geradezu mechanistisch anmutende Umsetzung nahe, wo hingegen in der Realität das Praktizieren jener Management-Instrumentarien vor allem durch intensive Kommunikations- und Feedback-Prozesse geprägt ist.

Im Folgenden wird zunächst die Balanced Scorecard als eine Methode zur Transmission von Unternehmensstrategien in das operative Management dargestellt. Aufbauend auf der Schlussfolgerung, dass eine Balanced Scorecard auf der Grundlage *eines* Geschäftsmodelles basiert und insofern in den zu wählenden Erfolgsdimensionen einen *funktionsübergreifenden* sowie auch einen *funktionsintegrierenden* Charakter besitzt, wurde für das Personalwesen als Funktionsbereich oder für etwaige vom Personalwesen zu unterstützende Führungs- und Management-Prozesse keine funktionsspezifische Balanced Scorecard entwickelt. Vielmehr wurde für die Steuerung einer Verkaufsabteilung, welche die kleinste operative Einheit in unseren 14 Mode- und Kaufhäusern darstellt (insgesamt ca. 140 Abteilungen) und die durch eine spezifische Warengruppe (z.B. Herren-Artikel), eine Anzahl von 10-20 Mitarbeitern und einem Umsatzvolumen von 3-10 Mio. p.a. gekennzeichnet ist, eine mehrere Perspektiven integrierende Steuerungskarte entwickelt - das Führungsviereck.

Nach unserer Auffassung ist auch die terminologische Differenzierung zwischen den beiden genannten Instrumenten wichtig, denn die zunehmende Popularität der Balanced Scorecard bei einschlägigen Management-Konferenzen und -Publikationen geht mit der Gefahr einher, dass nach und nach überall Balanced Scorecards entstehen - auch da, wo sie aus konzeptionellen Überlegungen heraus nur schwerlich hingehören. Andererseits ist aus dem Bemühen, die Balanced Scorecard breit anzuwenden auch das positive Element abzuleiten, dass eindimensionale, unvernetzte Steuerungssysteme als nicht mehr angemessen angesehen werden, sondern dass vielmehr mehrere Perspektiven eines "Management-Objektes" - ein Unternehmen, ein Funktionsbereich etc. - betrachtet werden sollten. Folgt man dieser schlussfolgernden Beobachtung, so kann die Annahme dienlich sein, "Ganzheitlichkeit" als eine Art Meta-Methodik der Führung und die Balanced Scorecard, das Breuninger-Führungsviereck oder andere multi-perspektivische Steuerungsinstrumentarien als konkrete Ausformungen jener Meta-Methodik zu verstehen. Hieraus ergibt sich logischerweise, dass die Balanced Scorecard kein Führungsviereck ist und vice versa, beide sind vielmehr konkrete Ausgestaltungen von Management-Prozessen zur Lösung entsprechender Problemstellungen und Herausforderungen und beide Vorgehensweisen entsprechen nach unserer Auffassung dem Anspruch der Ganzheitlichkeit.

2. Balanced Scorecard

Als Methode der Unternehmenssteuerung sind bei der Balanced Scorecard folgende Merkmale als wesentlich herauszustellen:
- *die Mehrdimensionalität der Steuerungsdimensionen* (sogenannte "Perspektiven") und der damit verbundene Anspruch einer ganzheitlichen Steuerung, wobei Kaplan & Norton (1996a, b) vier Perspektiven - Finanzen, Kunden, Interne Prozesse sowie Lernen/Wachstum - vorschlagen.
- *die Erweiterung der Unternehmenssteuerung um nicht-finanzielle Kenngrößen*. Wiewohl sich dieser Punkt sachlogisch aus dem erstgenannten Aspekt ergibt, soll dies nochmals besonders hervorgehoben werden, denn die übliche Unternehmenssteuerung konzentriert sich auf betriebswirtschaftliche und finanzielle Kennzahlen.
- *die Charakterisierung jeder einzelnen Pespektive durch mehrere Ziele*, die in ihrer inhaltlichen Ausgestaltung, in ihrer Messung und ihrem Niveau spezifiziert werden.
- *die Vernetztheit der Perspektiven* miteinander in der Form, dass von wechselseitigen Beeinflussungen ausgegangen wird und diese Wirkungsketten bei der Bildung einer Scorecard als eine Art Steuerungshypothesen entwickelt und im weiteren Verlauf der Nutzung einer Scorecard diskutiert, evaluiert und ggf. modifiziert werden.
- *die Ableitung der Perspektiven* und die sie konkretisierenden Erfolgsfaktoren und Ziele *aus der strategischen Positionierung eines Unternehmens*, was in der Praxis beispielsweise auf einer Unternehmensvision, Wettbewerbsvergleichen oder Ergebnissen vorheriger Unternehmensplanung basieren kann.
- die *Homogenität des Steuerungssystems* durch inhaltlich konsistente Aggregation und Aufgliederung von Scorecards über die verschiedenen Unternehmensebenen, so dass in den oberen Ebenen, z.B. dem Vorstand, die Aggregation der auf unterer Ebene angesiedelten, spezifischen Scorecards (z.B. ein Verkaufshaus) möglich ist und über ein "Drill-down"-Prinzip der Datenstrukturierung von oben nach unten etwaige Besonderheiten ermittelt werden können. Hieraus ergibt sich die *Kongruenz von Scorecard-Zielen und des Verantwortungsrahmens* eines Verantwortlichen, denn die Ausrichtung der Steuerungsgrößen und Spezifizierungen der über die verschiedenen Handlungs-und Verantwortungsebenen entwickelten Scorecards ist stets am jeweiligen Spielraum in Sachen Handlung und Verantwortung eines für die Erreichung der Scorecard-Ziele Verantwortlichen auszurichten.
- der *umfassende Kommunikationsprozess* zur Verzahnung der Unternehmensstrategie mit den operativen Zielen, welche sich in der Scorecard niederschlagen.
- der *permanente Erneuerungs- und Verbesserungsprozess*, denn eine Balanced Scorecard ist niemals "fertig" im Sinne einer Unveränderbarkeit, denn akzeptiert man die Vorstellung eines Unternehmens als ein offenes System, so ergeben sich aufgrund der innerhalb und außerhalb des Systems stattfindenden Veränderungen und Effekte entsprechende Notwendigkeiten, einmal gewählte Strategien und hieraus abgeleitete Ziele zu überprüfen und ggf. zu modifizieren.

- *der Prozess, über Strategien und Ziele eines Unternehmens fakten- und hypothesenorientiert zu diskutieren*, ist mindestens so bedeutsam für die Wirkung einer Balanced Scorecard wie die Erstellung und Messung der Kennzahlen an sich. In gewisser Weise stellt die Scorecard ein Vehikel für organisationales Lernen dar, dass sich sowohl in Verbesserungs- als auch Erneuerungslernen manifestieren kann (Guldin, 1998).

2.1 Steuerungssystem einer unternehmensweiten strategischen Ausrichtung

Die genannten Merkmale einer Balanced Scorecard realisierend, wurde bei der E.Breuninger GmbH & Co. im Rahmen eines Top-Down-Prozess die konkrete Ausformung der Perspektiven vorgenommen (Guldin, 1997), die in der Abänderung der von Kaplan & Norton (1996a, b) vorgeschlagenen Perspektiven mündete (Abbildung 1).

Finanzwirtschaft

Stratgie	Erfolgsfaktor	Zielgröße
Umsatzwachstum	Umsatzindex zu Benchmark	größer 1

Kunde / Markt

Stratgie	Erfolgsfaktor	Zielgröße
Aktives Kunden- Mgt.	Neukundengewinnung	5000 p.M.

Ware / Lieferant

Stratgie	Erfolgsfaktor	Zielgröße
Qualität der Sortimente	Fast- Seller - Quote	15%

Interne Prozesse & Ressourcen

Stratgie	Erfolgsfaktor	Zielgröße
Mitarbeiterorientierung	Index MA-Befragung	90%

Abb. 1: Illustration eines Balanced Scorecard-Konzeptes

Diese Modifikationen sind aus mehreren Gründen weder verwunderlich noch ungewöhnlich (Spang, 1998). Zum einen soll ja in der Balanced Scorecard die Strategie des Unternehmens seinen spezifischen Niederschlag finden, so dass Anpassungen der Scorecard aufgrund von besonderen Gegebenheiten einer Industrie und/oder der Positionierung eines Unternehmens innerhalb einer Industrie durchaus geboten erscheinen. Weiterhin verknüpfen Kaplan & Norton mit den von ihnen entwickelten Pespektiven keinen normativen Anspruch dergestalt, dass nur und ausschließlich jene vier Perspektiven zur ganzheitlichen Steuerung eines Unternehmens anhand einer spezifizierten Untenehmensstrategie sinnvoll und möglich sind. Vielmehr stellen die vier Perspektiven sensu Kaplan & Norton einen wohlfundierten Erfahrungsvorschlag dar, der als größter gemeinsamer Nenner aller Anwendungsfelder verstanden werden kann und der insofern eine ideale Ausgangsplattform für den Diskussionsprozess der Perspektiven bietet, aber keineswegs nicht aufgrund von Industrie- und/oder Unternehmensspezifika modifiziert werden dürfte.

Im Konkreten bedeutete dies für die Breuninger die Aufnahme der Perspektive "Ware/Lieferant" und die Integration der Perspektiven "Lernen und Innovation" in die Perspektive "interne Geschäftsprozesse". Ersteres begründet sich durch die hohe Bedeutung von Handelsmarken für das Geschäftsmodell Breuninger, denn ein lifestyle-orientiertes Modehaus benötigt die richtigen imageunterstützenden Marken zum richtigen Zeitpunkt, in der richtigen Menge und zum richtigen Preis. Ohne bestimmte Schlüsselmarken würde Breuninger nicht als kompetent im Bereich Mode wahrgenommen werden, folglich ist zum einen der Umgang mit unseren Lieferanten und zum anderen mit der Ware, was i.S. der Festlegung und Erfüllung von Qualitätszielen unserer Sortimente am besten verstehbar ist, von hoher strategischer Bedeutung, so dass diese Perspektive gemeinsam mit der Perspektive "Kunde/Markt" das Kernstück der marktorientierenten Ausrichtung des Unternehmens bildet. Die üblicherweise an Produktionsbetrieben ausgerichtete Definition von "Innovation" in Form einer Relation von neuen zu alten Produkten ist für ein Modehaus nicht zutreffend und im Rahmen der Qualitätsdefinition der Ware ("Aktualität") ohnedies abgedeckt. Da die Klärung dessen, was im Bereich des modischen Einzelhandels eine Innovation darstellt, welche nicht mit der Aktualität der Sortimente zusammenhängt, noch nicht abgeschlossen ist, erschien es nicht möglich, eine eigenständige Perspektive zu definieren, so dass die von Kaplan & Norton vorgeschlagene Perspektive "Lernen & Innovation" mit ihrer Facette "Lernen" und hierbei mit dem Fokus auf Lernen der Mitarbeiter in die Karte "interne Geschäftsprozesse" integriert wurde. Schlußfolgernd lässt sich festhalten, dass die Balanced Scorecard bei Breuninger eine unternehmensspezifische Ausprägung der Perspektiven besitzt. Diese Perspektiven und deren Erfolgsfaktoren sowie Ziele, die in Abbildung 1 nur exemplarisch illustriert wurden, sind handlungsleitend für das gesamte Unternehmen und damit auch für die jeweiligen Funktionsbereiche. So ist beispielsweise die Scorecard auf der Ebene der Einkaufsmanager stärker ausgeprägt hinsichtlich der Perspektive "Ware/Lieferant" und weniger stark bezüglich "Kunde/Markt", demgegenüber gestaltet sich dies für die Verantwortungsträger im Verkauf genau umgekehrt. Es liegen also nicht auf jeder Ebene und in jedem Funktionsbereich die gleichen Scorecards vor, vielmehr sind die Sub-Scorecards aus der "Master-Scorecard" der obersten Ebene, der Ebene der Geschäftsführung, abgeleitet, denn nur so kann in umgekehrter Richtung, der bottom-up Aggregation die notwendige Inhaltskonsistenz sichergestellt werden.

2.2 Funktionsspezifische Balanced Scorecards

Aus der dargelegten Beziehung zwischen spezifischen Sub-Scorecards für Funktions- und Verantwortungsbereiche und der Master-Scorecard ergibt sich sachlogisch, dass funktionsspezifische Scorecards stets aus der Master-Scorecard abzuleiten sind. Dies kann, muss aber nicht zu spezifischen Scorecards von Funktionsbereichen wie z.B. des Personalwesens führen. Der umgekehrte Weg, zunächst funktionsspezifische Scorecards z.B. für die Bereiche Personal, EDV, Marketing usw. zu entwickeln und diese dann in einer übergeordnete Scorecard unter Erreichung einer Inhaltskonsistenz aggregieren zu wollen, erscheint äußerst problematisch. Darüber hinaus ist zu beachten, dass die genannten Bereiche im Sinne der Wertschöpfungskette eine unterstützende Funktion haben (Porter, 1985), sie bilden damit nicht den Kern der Wertschöpfung ab und weil dies so ist, erscheint es nur schwer vorstellbar, wie der strategische Kern des Unternehmens abgebildet werden kann - was ja der Anspruch einer Balanced Scorecard ist - ohne auf die Wertschöpfungskette und ihrer Prozessabfolge als Zentrum der Entwicklung einer Balanced Scorecard zu fokusieren.

Aus diesen Gründen gibt es keine Scorecard "Personal" bei der E.Breuninger GmbH & Co., vielmehr ist der Bereich (mit-)verantwortlich für die Erreichung der Ziele auf verschiedenen Perspektiven. So kann beispielsweise der Personalbereich durch Konzeption und Implementierung eines Trainings- und Management-Prozesses die Strategie "Aktives Kundenmanagement" in der Umsetzung von Maßnahmen zur Stärkung der Akquisition von Neukunden und zur Steigerung der Kaufquote beitragen. Darüber hinaus manifestiert sich in der Balanced Scorecard die Sinnhaftigkeit und Notwendigkeit der ganzheitlichen Führung von "Management-Objekten" - sei es das Unternehmen oder eine Abteilung innerhalb eines Verkaufshauses.

2.3 Ganzheitliche Führung und Balanced Scorecard

Wenn man nun dem Argument folgt, dass funktionsspezifische Balanced Scorecards nicht sinnvoll sind, wie kann dann aber die Balanced Scorecard als Navigator der Personalarbeit dienlich sein? Diese Frage lässt sich auf zwei Ebenen beantworten. Zum einen kann die Personalarbeit die Entwicklung, Implementierung und permanente Durchführung des um die Balanced Scorecard sich ergebenden Management-Prozesses unterstützen, diesbezüglich sind insbesondere jene Fähigkeiten, die sich im Rahmen von Change Management-Initiativen notwendig sind, vom Bereich Personal gefordert - die Personalarbeit ist in diesem Verständnis ein "Enabler" der Veränderung der Unternehmenssteuerung, denn es sollte nicht vergessen werden, dass ein Unternehmen vor der Einführung einer Balanced Scorecard natürlich auch gesteuert wurde und dass durch den ganzheitlichen Ansatz der Scorecard ein verändertes Management-Verständnis und -Handeln notwendig wird.

Zum anderen kann die Balanced Scorecard insofern als Navigator für die Personalarbeit dienen, weil sie gedanklich, nicht aber in ihrer konkreten Ausgestaltung, den Weg zu einer ganzheitlichen und an der Gesamtheit von "Management-Objekten" ausgerichteten Führung weist. Dies ergibt sich auch aus der Logik der jeweiligen "Management-Objekte" - während für die Balanced Scorecard das Objekt das Unternehmen an sich ist, kann für die Personalarbeit oder das Personalwesen hiervon nur eine Untermenge das Management-Objekt darstellen.

Betrachtet man die Balanced Scorecard als eine konkrete Ausgestaltung einer an Ganzheitlichkeit ausgerichteten Unternehmensführung, dann wird durch gedanklich verwandte, in ihrer konkreten Ausgestaltung jedoch anders konzipierte Instrumente bezüglich personalwirtschaftlich relevanter "Management-Objekte" der Anspruch der ganzheitlich orientierten Unternehmenssteuerung auch in der praktischen Personalarbeit umgesetzt - die Balanced Scorecard weist den Weg in Richtung ganzheitlicher Führung, die jeweiligen Instrumente hierfür sind in Abhängigkeit des "Management-Objektes" zu entwickeln.

3. Ganzheitliche Führung

Bevor das Breuninger-Führungsviereck als Beispiel der ganzheitlichen Führung dargelegt wird, mag ein kurzer Exkurs zum Thema "Ganzheitlichkeit" ein inhaltliches Fundament für die später dargelegte praktische Anwendung schaffen. Dabei gilt es zum einen das Spannungsfeld zwischen den gewünschten und tatsächlichen Charakteristika der Management-Realität im Hinblick auf ihre kognitive und handlungsbezogene Bewältigbarkeit aufzuzeigen, zum anderen ist der Anspruch der Ganzheitlichkeit weder Ausfluss akademisch überzüchteter Theoriediskussionen noch fern jeglicher praktischen Anwendung im intuitiv alltäglichen Management persönlicher Lebensbereiche.

3.1 Spannungsfeld zwischen "Wunsch- und Real-Welt"

In der täglichen Arbeit im und mit dem Management eines Unternehmens erfährt man häufig ein Spannungsfeld zwischen dem, wie ein Manager seine Welt gerne hätte ("Wunsch-Welt") und wie sie sich tatsächlich darstellt ("Echt-Welt"). Als Verantwortungsträger wünschen wir uns eine einfache, transparente, statische und geschlossene Welt, konfrontiert werden wir hingegen mit einer komplexen, intransparenten, dynamischen und offen Welt. Selbstverständlich wäre in einer Welt, in der entscheidungs- und handlungsrelevante Informationen von ihrer Struktur her leicht verstehbar und Wirkungszusammenhänge ebenso einfach (nach dem Motto "wenn ich A tue, kommt B heraus") wie transparent sind, das Management i.S. des Herbeiführens von intendierten Effekten leichter als im Falle einer Welt, in der Informationsstrukturen sowie Wirkungszusammenhänge komplex und intransparent sind. Gibt es dann noch zeitliche Verzögerungen zwischen Ursache und Wirkung einer Kausalkette, sind einmal mühsam ermittelte Zusammenhangsmuster zeitlich nicht stabil, sondern verändern sich über die Zeit, so ist ein Manager kognitiv stark ge- und bisweilen auch überfordert in der Beherrschung des Systems "Unternehmen". Wenn dann auch noch das Unternehmen als ein offenes System verstehbar ist, vermindert dies die Kontrollierbarkeit von Ursache-Wirkungsbeziehungen innerhalb der intraorganisationalen Abläufe zusätzlich.

Im Rahmen der psychologischen Forschung bezüglich des erfolgreichen Verhaltens in Management-Situationen bilden die Ergebnisse zum Themenkomplex "komplexes Problemlösen" und hierbei insbesondere die Arbeiten von Dietrich Dörner eine fundierte Basis (Dörner, 1974, 1989; Dörner et al., 1983). So beschreibt Dörner (1989) in seinem für ein breiteres Publikum ausgerichteten Werk "Die Logik des Mißlingens" wesentliche Kernbefunde bezüglich des Verhaltens von Menschen in Problemlösungssituationen, die durch Komplexität, Intransparenz, Vernetztheit und Dynamik - also eine reale Management-Welt darstellend - charakterisiert sind. Typische Verhaltensweisen, die zu Fehlsteuerungen des Steuerungssystems führen, sind das nicht Erkennen non-linearer Verlaufsstrukturen von Steuergrößen, zeitlicher Verzögerungen bei Ursache-Wirkungsketten sowie das umgekehrt proportionale Verhalten im Umgang mit Informationssammlung und Entscheidungsfreude bei gegebenem Zeitdruck - nach dem Motto, je weniger Informationen, desto freudiger werden Entscheidungen getroffen. Weiterhin sind als Verhaltensphänomene der sogenannte "Reparaturdienst" zu nennen, d.h. es wird versucht, am Symptom Verbesserung herbeizuführen und weniger die Ursache für das Problem abzustellen, oder "man löst, was man lösen kann, nicht das, was zu lösen wäre". Diesbezüglich ist auch die hypothesengerechte Informationsauswahl zu nennen, denn es werden nur jene Informationen aufgenommen, die bereits vorgefaßten Hypothesen entsprechen, etwaige Informationen, welche die Richtigkeit jener Hypothesen in Frage stellen, werden ignoriert. Und schließlich ist eine Verhaltensausrichtung auf aktuell bestehende, nicht aber zukünftig entstehende (und antizipierbare) Probleme festzustellen.

Die zentrale Schlussfolgerung aus der Kontrastierung der "Wunsch" und der "Real-Welt" des Managments und den Forschungsergebnissen der Dörner-Gruppe ist, die Steuerung von Systemen durch ganzheitliche, die Gesamtheit der verschiedenen Steuerungs- und Einflussgrößen berücksichtigenden Abbildung jener Systeme in Modellen vornehmen, dazu das Denken in jenen Modellen zu fördern, was wiederum durch die Nutzung jener Modelle zu Planspielen und das Einüben von Steuerungstechniken erleichtert wird, um die Fehlerproblematiken zu verdeutlichen und zu vermeiden zu lernen (hierzu auch die Ausführungen von de Geus (1988) "Planning as Learning"). Wir brauchen also modellhafte Abbildungen unserer Realität, um die Realität besser meistern zu können und eine Balanced Scorecard, ein Führungsviereck und ähnliche Instrumentarien können als modellhafte Abbildung zur Steuerung eines Systems verstanden werden. Um ein solches System besser steuern zu können, bedarf es eben jener Ganzheitlichkeit und und der bereits dargelegten Charakteristika.

3.2 Ganzheitlichkeit einmal ganz praktisch betrachtet

Nun mag auf den ersten Blick der Anspruch der Ganzheitlichkeit etwas abstrakt, ja für manchen Praktiker gar zu abgehoben und theoretisch erscheinen. Der Vermittlung, dass ganzheitliches Management keinerlei Spezifikum einer überakademisierten Denkrichtung, sondern durchaus Bestandteil unseres täglichen Daseins ist, kommt gerade dann eine große Bedeutung zu, wenn ganzheitliche Führungsinstrumente in die Praxis eingeführt werden sollen. Um den Anspruch "Ganzheitlichkeit" für unsere Mitarbeiter erfahrbar zu machen, wurde als Beispiel das Management verschiedener Lebensbereiche gewählt (Abbildung 2).

> **Wie machen Sie das denn?**
>
> (Diagramm: Kreis mit vier Lebensbereichen — Job, persönliche Weiterentwicklung, Hobby, Familie — mit wechselseitigen Pfeilen)

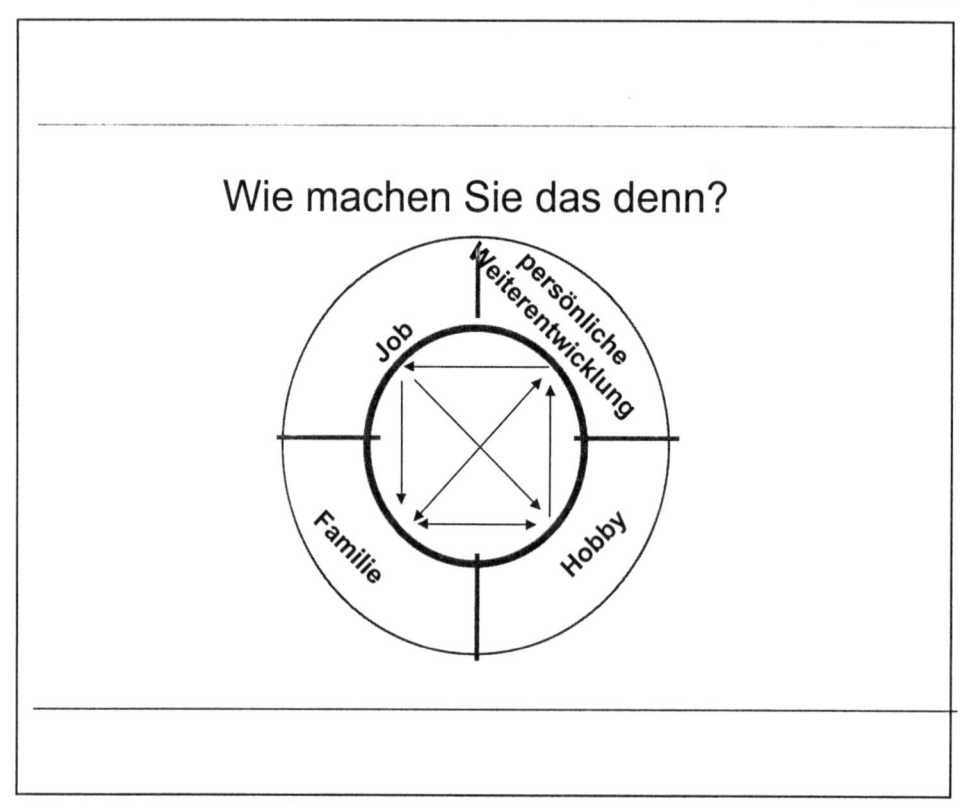

Abb. 2: Ganzheitliches Management am praktischen Alltagsbeispiel

Betrachtet man die vier Lebensbereiche "Job", "persönliche Weiterbildung", "Familie" und "Hobby", so wird intuitiv deutlich, dass jeder Mitarbeiter zum einen tatsächlich diese vier Perspektiven in seinem Leben besitzt und zum anderen auch in jeder Perspektive Ziele hat, wobei die Perspektiven sich durchaus wechselseitig beeinflussen. Selbstverständlich kann ein Hobby einen Einfluss auf die persönliche Weiterentwicklung haben und je nach Art des Hobbys einen förderlichen oder hinderlichen Einfluss auf den Job und die Familie haben. Ist das Hobby beispielsweise das Engagement im lokalen Tennisklub in Form der Übernahme einer Führungsaufgabe, so mag dies zur persönlichen Weiterentwicklung im Sinne des Erwerbes von Führungstechniken hilfreich sein und damit auch unmittelbar förderlich für den Job; jedoch kann das Engagement in Sachen Hobby dahingehend abträglich für die Familie sein, weil die notwendige Zeit für die Pflege der spannungsgeladenen Beziehung zur Schwiegermutter nicht zur Verfügung steht, was bei etwaigen Familienfesten zu emotionsgeladenen Unannehmlichkeiten führen mag. Wie dieses Beispiel zeigt, ist ganzheitliches Management etwas ganz Alltägliches.

4. Das "Führungsviereck" als weiteres Beispiel ganzheitlicher Führung

Das Führungsviereck dient einem Abteilungsleiter einer Verkaufsabteilung zur Steuerung seines Verantwortungsbereiches. Bei der Entwicklung waren vier Fragen handlungsleitend: (i) Was leisten wir im Team für den wirtschaftlichen Erfolg?, (ii) was leisten wir für den Kunden?, (iii) wie sehe ich die Leistung meiner Mitarbeiter und schließlich (iv) wie sehen mich meine Mitarbeiter? Insofern besitzt das Führungsviereck vier Perspektiven, nämlich eine finanzwirtschaftliche, eine kundenorientierte, eine auf die Leistung der Mitarbeiter orientierte und schließlich eine auf die Leistung der Führungskraft ausgerichtete Perspektive (Abbildung 3).

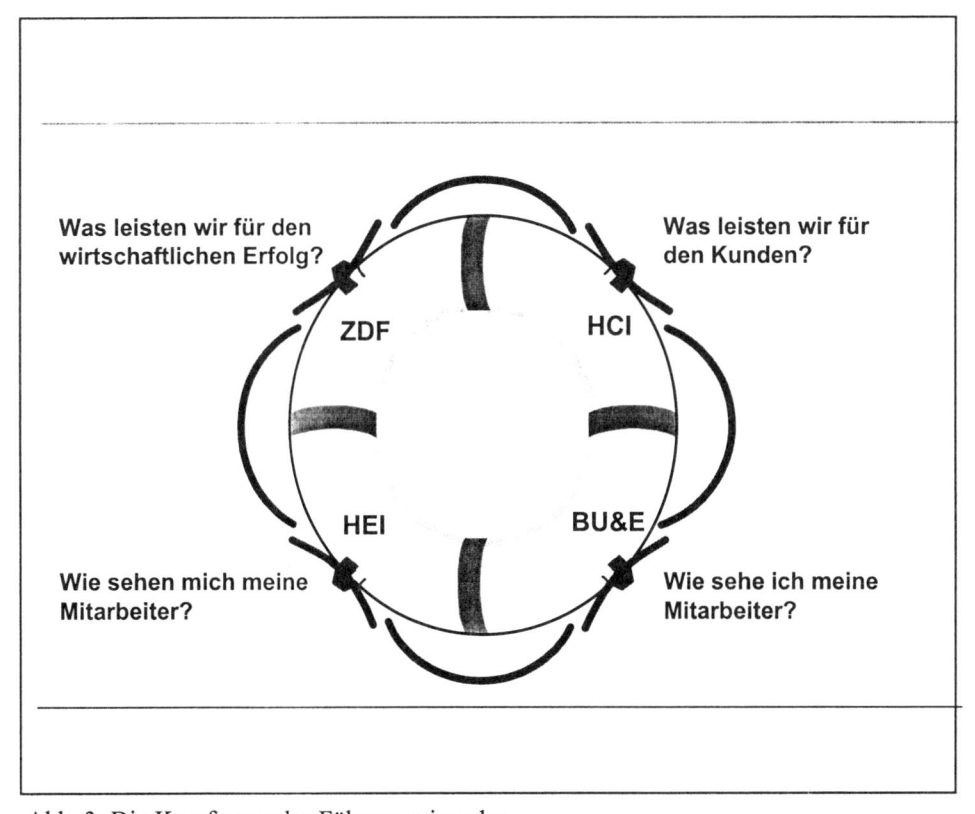

Abb. 3: Die Kernfragen des Führungsvierecks

4.1 Elemente des Führungsvierecks

Die dargelegten Kernfragen des Führungsvierecks definieren implizit die Perspektiven, unter denen das Management-Objekt "Verkaufsabteilung" gesteuert wird. In der praktischen Ausformung gibt es dann für jede Perspektive entsprechende Kenngrößen, Operationalisierungen sowie Festlegung von Zielen einschließlich ihrer Niveaus.

Unternehmenssicht		Teamchef-Sicht	
Umsatzabweichung:	+0,4%	Umgang mit...	
PK/Umsatz-Planabw.: über Pl. 3%		dem Unternehmen:	45 %
		dem Kunden:	65 %
		Kollegen und Vorgesetzten:	92 %
		dem Mitarbeiter:	98 %
		sich selbst:	100 %
Mitarbeitersicht		**Kundensicht**	
Happy - Employee - Index:	71%	Happy - Customer - Index:	
persönliche Stärken		1. Messung 1998	73 %
persönliche Schwächen		2. Messung 1998	65 %
		3. Messung 1998	76 %
		4. Messung 1998	70 %
		Jahreswert:	73 %

Abb. 4: Das Breuninger Führungsviereck – Ein fiktives Beispiel

Zur Messung des wirtschaftlichen Erfolges werden beispielsweise die Planerreichung des Deckungsbeitrages und die Relation zwischen Personalkosten zu Umsatz verwendet, in der Beurteilung der Leistung des Mitarbeiters wird durch den jeweiligen Vorgesetzten anhand von Ratingskalen und spezifizierten Unterelementen die Hauptbereiche (i) "Umgang mit dem Unternehmen", (ii) "Umgang mit dem Kunden", (iii) "Umgang mit den Kollegen und Vorgesetzten" sowie (iv) "Umgang mit sich selbst" (i.S. einer Einschätzung der Fähigkeit des Mitarbeiters, sich selbst weiter zu entwickeln). Zur Messung der Leistung für den Kunden wird pro Quartal der sogenannte "Happy Customer Index"

(HCI) erhoben. Dies geschieht durch Testkäufer, die anhand eines Fragebogen, der die unternehmensweiten Standards für Bedienungs- und Beratungsqualität in Verkaufssituationen abbildet, ein Verkaufs- und Beratungsgespräch beurteilen. Schließlich erfolgt die Rückmeldung über die Führungsleistung durch ein Bottom-up Feedback der Mitarbeiter an ihre Führungskraft, was anhand eines standardisierten Fragebogens einmal pro Jahr erfolgt und an dessen Auswertung sich Gruppen-Feedback-Runden der Mitarbeiter mit ihrer Führungskraft anschließen, um gemeinsam etwaige Verbesserungsfelder in der Zusammenarbeit zu definieren und entsprechende Maßnahmen zu vereinbaren. Aggregiert werden die Mitarbeiterrückmeldungen pro Führungskraft zu einem Index ("Happy-Employee-Index"), der abgeleitet aus der Relation von Gesamtpunktzahl zu tatsächlicher Punktzahl zwischen 100% und 0% liegt.

Hinsichtlich der dargelegten Kenngrößen pro Sichtweise sei an dieser Stelle noch zweierlei angemerkt: (i) die genannten Kenngrößen des Führungsvierecks sind aus didaktischen Gründen exemplarisch und nicht vollständig und (ii) können und sollen sich die Kenngrößen und/oder die Messmethoden über die Zeit hinweg verändern. So kann beispielsweise zukünftig auch im Bereich der Kundensicht der "Umgang mit Kundenbeschwerden" ein zusätzliches Element darstellen, dass dann entsprechend in der Karte "Kundensicht" seine Berücksichtigung finden würde. Anhand dieser Flexibilität der Auswahl und Operationalisierung von Kenngrößen bei gleichzeitiger Konstanz der Bewertungsperspektiven zeigt sich auch die konzeptionelle Verwandtschaft des Führungsvierecks zur Balanced Scorecard.

Mit den gegebenen Messungen kann nun eine Verkaufsabteilung anhand von Fakten hinsichtlich der vier Perspektiven analysiert werden, Querverbindungen aufgezeigt und Konsistenzen bzw. Inkonsistenzen erörtert werden. Durch die Verwendung jener vier Perspektiven wird natürlich für die Anwender deutlich, dass nicht nur eine Perspektive als wichtig angesehen wird, sondern vielmehr die Erwartungshaltung des Unternehmens darauf abzielt, dass ein Abteilungsleiter in der Lage ist, eine Balance zwischen den vier Bereichen herzustellen - so sollte er nicht den finanziellen Erfolg auf Kosten schlechter Bedienungs- und Beratungsqualität erzielen, andererseits sollten die Beurteilungen der Mitarbeiter auch die Aspekte des finanziellen Erfolgs und der Kundenzufriedenheit mit der Serviceleistung adäquat widerspiegeln.

4.2 Managementprozess des Führungsvierecks

Zielsetzung des Management-Prozesses ist es, die sachlogische Konsistenz der Indikatoren zu analysieren und hieraus ggf. Maßnahmen abzuleiten. Dabei ist vereinfacht gesprochen "der Weg das Ziel", denn der Kommunikationsprozess über die Kennzahlen und die sie begründenden Erläuterungen, das Aufzeigen von Querverbindungen und Unstimmigkeiten ist für die künftige Steuerung von größerer Bedeutung als die reinen Zahlen zu betrachten.

Wesentlich ist dabei, der jeweiligen Führungskraft Inkonsistenzen und vor allem deren Folgen zu verdeutlichen. Gehen wir einmal von den in Abbildung 4 dargelegten fiktiven Zahlen aus. Hier zeigt sich beispielsweise eine zufriedenstellende bis gute Entwicklung im Bereich "Umsatz" mit einer Planabweichung von +0,4% (Finanzsicht). Das korrespondierende Merkmal in der Perspektive "Teamchef-Sicht" ist die Beurteilungsdimension "Umgang mit dem Unternehmen", da in dieser Kategorie die Umsatzleistungen der zu beurteilenden Mitarbeiter einfließen. Hier sind jedoch die Werte eher niedrig (45%), so dass der Teamchef einer Abteilung seine Mitarbeiter diesbezüglich eher schlecht eingeschätzt und beurteilt hat. Es ergibt sich eine Inkonsistenz, denn wenn eine Abteilung ihr Umsatzziel übertrifft, dann ist es unwahrscheinlich, dass die Mitarbeiter, die diesen Umsatz durch ihr Tun in der Verkaufsabteilung erwirtschaften, tendenziell eher schlecht in Sachen "Umsatzerzielung" sind - die Sichtweise des Vorgesetzten und die objektivierten Daten sind nicht kongruent. Hieraus ergeben sich für die Mitarbeiter konfligierende Botschaften: Obwohl die Mitarbeiter wissen, dass sie eine gute Leistung erbracht haben, weil sie anhand der ihnen zur Verfügung stehenden Informationssysteme den Umsatz ihrer Abteilung kennen und weil der Planumsatz sogar übertroffen wurde, erhalten sie in individuellen Beurteilungen von ihrem Abteilungsleiter die Rückmeldung, dass dieser nicht mit ihren Umsatzleistungen zufrieden ist.

Nun mag es für das Verhalten des Abteilungsleiters gute Gründe geben, aber genau hierüber ist dann im "Führungsviereck-Gespräch" mit der Führungskraft zu diskutieren. Hieraus resultiert ein Sensibilisieren für die verschiedenen Facetten der eigenen Führung, so dass im Rahmen der Steuerung des Bereiches einander widersprechende Signale gegenüber den Mitarbeitern möglichst vermieden werden. Durch Aufzeigen von Wechselwirkungen und der Diskussion von Hypothesen, die sich anhand der Daten ableiten lassen, erfolgt im Gespräch mit dem Abteilungsleiter eine vertiefte Reflexion über das Management-Objekt "Abteilung" bezogen auf den aktuellen Stand innerhalb der einzelnen Sichtweisen und den damit verbundenen Wechselwirkungen. Wie im obigen Beispiel illustriert, erlaubt das Führungsviereck die verschiedenen Relationen zwischen den Sichtweisen zu thematisieren, Hypothesen zu formulieren und diese dann gemeinsam mit der Führungskraft zu evaluieren, möglichst mit der Folge, hieraus etwas für die zukünftige Steuerung des Management-Objektes zu lernen.

4.3 Spezifische Aufgaben des Personalwesens

In der Umsetzung und im kontinuierlichen Management des Führungsvierecks kommt dem Personalbereich bei Breuninger eine besondere Bedeutung zu. Die wesentlichen Aufgaben sind hierbei zweigeteilt, zum einen ist die Vermittlung des Führungsvierecks in seiner gedanklichen Ausrichtung und seiner praktischen Bedeutung für die Steuerung von Abteilungen bedeutsam, zum anderen bedarf es der Schaffung von Grundvoraussetzungen, namentlich die Entwicklung, Implementierung und in regelmäßigen Abständen zu erfolgenden Anwendungen und Messungen der notwendigen personalwirtschaftlichen Instrumente.

Hinsichtlich der Kommmunikationsaufgabe sind vier Aspekte hervorzuheben:

1. Beschreibung des Systems an sich (Elemente, Messungen, Zusammenhänge)
2. Entwicklung von Beziehungsmustern (Wirkungsrichtungen, zeitliche Verzögerungen, definierte Höhe des Wirkungsgrades, etc.)
3. Vertiefung von Leistungsmöglichkeiten (Welche Größen sind wodurch lenkbar? Wer kann dies tun? Woran erkennt man die Wirkung der Lenkungseingriffe?)
4. Denken in Modellen üben durch das Durchspielen von Grundszenarien und Alternativszenarien ("System" und "Ganzheitlichkeit" durch Planspiele verstehbar machen).

Hinsichtlich der personalwirtschaftlichen Instrumente als Grundvoraussetzungen zur Erstellung eines Führungsvierecks bedarf es der unternehmensspezifischen Ausformung der jeweiligen Perspektiven. Im Konkreten bedeutet dies für Breuninger, dass regelmäßig anhand eines standardisierten Einschätzungsbogens die Mitarbeiter im Verkauf beurteilt werden und hierüber im Rahmen eines Gespräches informiert werden und dass Kundenbeurteilungen ("Happy-Customer-Index") ebenso wie Mitarbeiter-Feedback-Befragungen ("Happy-Employee-Index") entwickelt und implementiert wurden, wobei dies nur in enger Abstimmung mit anderen Fachabteilungen (z.B. Controlling), vor allem aber mit den Linienverantwortlichen möglich ist.

5. Erfahrungen und Schlussfolgerungen

Mit Einführung der Balanced Scorecard und dem Führungsviereck bei Breuninger hat sich zweifelsohne die Diskussion über den Leistungsstand, die Stellhebel und Wirkmechanismen der Leistungsperspektiven verändert - Ganzheitlichkeit wird am praktischen Beispiel erlebt. Dabei sind die Schritte hierzu weder groß noch rasch, was nach Erfahrung des Autors keineswegs ein Spezifikum von Breuninger ist. Entscheidend ist vielmehr die Kontinuität, mit der das Management-Objekt "Unternehmen" ganzheitlich betrachtet und geführt wird.

Zweifelsohne ist der Kommunikationsbedarf und der Erklärungsaufwand für die neue Art die eigene Unternehmenswelt zu betrachten hoch und mit der ersten Begeisterung beginnt auch die Gefahr der Überfrachtung, denn der Wunsch, immer mehr Kenngrößen und immer mehr Ziele aufzunehmen, um dem Anspruch der Vollständigkeit, welcher gerne mit Ganzheitlichkeit (fälschlicherweise) gleichgesetzt wird, genüge zu leisten, nimmt in dem Maße zu, in dem die alte Management-Erfahrung "what is measured gets managed" erfahrbar wird.

In Sachen "ganzheitlicher Führung" kann aufgrund der bestehenden Erfahrungen schlussfolgernd festgestellt werden: Erstens, es gibt keine Alternative zur ganzheitlichen Betrachtung. Zweitens ist Ganzheitlichkeit ein permanenter Anspruch, den man aber nie völlig erfüllen kann. Und drittens stehen Ganzheitlichkeit und das Management-Bedürfnis nach Einfachheit, Transparenz, Statik und Geschlossenheit im Widerspruch zueinander, so dass ein nicht aufzulösendes, aber im Sinne der Weiterentwicklung mit hoher Energie geladenes Spannungsfeld existiert, welches es durch kontinuierliches Management zum Nutzen der permanenten Weiterentwicklung in der Diagnose und der Steuerung des Management-Objektes "Unternehmen" genutzt werden kann.

6. Literaturverzeichnis

de Geus, A. (1988), Planning as Learning, in: Harvard Business Review, 76, March-April, S. 70 - 74

Dörner, D. (1974), Die kognitive Organisation beim Problemlösen, Bern: Huber

Dörner, D. (1989), Die Logik des Misslingens, Reinbek: Rowohlt

Dörner, D., **Kreuzig**, H.W., **Reither**, F. & **Stäudel**, Th. (1983), Lohhausen: Vom Umgang mit Unbestimmtheit und Komplexität, Bern: Huber

Guldin, A. (1997), Kundenorientierte Unternehmenssteuerung durch die Balanced Scorecard, in: **Horváth**, P. (Hrsg.): Das neue Steuerungssystem des Controllers, S. 289 - 302, Stuttgart: Schäfer-Poeschel

Guldin, A. (1998), Everybody's Darling or Nobody's Friend - Ausrichtung des Controllings in unternehmensinternen Spannungsfeldern, in: **Horváth**, P. (Hrsg.): Innovative Controlling-Tools und Konzepte von Spitzenunternehmen, S. 69 - 81, Stuttgart: Schäfer-Poeschel

Kaplan, R. & **Norton**, D.P. (1996a). The Balanced Scorecard: Translating strategy into action. Cambridge, MA: HBS Press

Kaplan, R. & **Norton**, D.P. (1996b). Using the Balances Scorecard as a Strategic Management System, in: Harvard Business Review, 84, Jan.-Feb., S. 75 - 85

Porter, M. (1985). Competitive Advantage: Creating und Sustaining Superior Performance, New York: Free Press

Spang, P. (1998), Vom strategischen Anstoß bis zur Umsetzung - Controlling im Spannungsfeld zwischen Anspruch und Machbarkeit im Mittelstand, in: **Horváth**, P. (Hrsg.): Innovative Controlling-Tools und Konzepte von Spitzenunternehmen, S. 113 - 132, Stuttgart: Schäfer-Poeschel

Jutta Kohlmann

Entwicklung des Personalcontrollings bei Hewlett-Packard

Inhaltsverzeichnis

1. Das Unternehmen Hewlett-Packard 125
2. Anlass und Zielsetzung 127
3. Unser Verständnis von Personalcontrolling 128
4. Funktionen des Personalcontrollings 134
   4.1 Organisatorische Eingliederung 134
5. Grenzen und Nutzen des Personalcontrollings 135

1. Das Unternehmen Hewlett-Packard

Hewlett-Packard (HP) ist ein weltweit führender Anbieter von Systemen, Lösungen und Dienstleistungen rund um die Informationsverarbeitung, Internet und Intranet sowie Kommunikations- und Messtechnik. Rund um den Globus ist HP mit etwa 600 Standorten in 120 Ländern vertreten. Über 36.000 Produkte und Dienstleistungen umfasst das Unternehmensangebot.

1939 im kalifornischen Palo Alto von Bill Hewlett und Dave Packard gegründet, zählte HP 1998 mit weltweit 124.600 Mitarbeitern und einem Jahresumsatz von 47,06 Mrd. Dollar zu den größten Unternehmen in den USA. Die 1959 in Deutschland gegründete Hewlett-Packard GmbH ist die größte Tochtergesellschaft der HP Company mit Hauptsitz in Böblingen. Im Geschäftsjahr 1998 erzielte sie mit 7.000 Mitarbeitern einen Umsatz von 8,96 Mrd. DM.

Eine der großen Herausforderungen der Zukunft ist nach wie vor, unsere Verantwortungsfelder Mitarbeiter, Kunden, Lieferanten, Partner und das gesellschaftliche Umfeld ausgewogen in Einklang zu bringen. Die Grundlage hierfür bilden einerseits die schriftlich fixierten Unternehmensziele, andererseits auch die von den Firmengründern definierten HP-Werte, die HP charakterisieren.

Die fünf HP-Werte: Grundlage des HP-Ways

Wie sehen die Grundwerte aus, was sind die Unternehmensziele von HP?

Die HP-Werte entwickelten sich aus den persönlichen Wertvorstellungen der Firmengründer Bill Hewlett und Dave Packard und ihrer Art, ein Unternehmen zu führen und mit Menschen umzugehen. Sie bilden die Grundlage für die Unternehmensziele.
- Kern und wichtigstes Element unserer Grundwerte ist *Vertrauen und Respekt gegenüber jedem einzelnen Mitarbeiter*. Der Umgang miteinander soll geprägt sein von Toleranz und Partnerschaft.
- Das zweite Element hat zu tun mit *Beiträgen und Ergebnissen*. Wir gehen davon aus, dass unsere Kunden höchste Ansprüche an Produkte und Dienstleistungen stellen; das erfordert einen hohen Einsatz aller Mitarbeiter und Führungskräfte gegenüber Kundenwünsche für neue Wege und Verfahren, diese Leistungen zu erbringen.
- Das dritte Element ist *kompromisslose Integrität*, d.h. Offenheit, Ehrlichkeit und Loyalität im Umgang miteinander und auch mit Kunden, Partnern und Lieferanten.
- *Teamgeist* ist ein weiteres Element und von herausragender Bedeutung für unseren Erfolg. Dies ergibt sich aus den unterschiedlichen Märkten, in denen wir tätig sind, der Arbeitsteilung funktional und geographisch, den unterschiedlichen Technologien und nicht zuletzt aus der Größe des Unternehmens.
- Und schließlich ein fünfter Grundsatz: Wir fördern *Flexibilität und Innovation*, Bereitschaft zum Umlernen, sich weiterzubilden, neue Aufgaben zu übernehmen - mitzuwachsen in dem Maße, wie das Unternehmen wächst. Das ist nicht nur der

Schlüssel zum Erfolg des Unternehmens, sondern auch für den ganz persönlichen Erfolg.

Unternehmensziele:

Eine hohe Identifikation der Mitarbeiter mit der Firma, Engagement und Motivation im Job sind nur dann zu erwarten, wenn die Ziele des Unternehmens bekannt sind. Sie sind vernetzt miteinander und richten sich
- auf einen angemessenen *Gewinn*, der Maßstab des Erfolges ist und ausreicht, die Mittel bereitzustellen, die wir zur Verwirklichung anderer Unternehmensziele benötigen
- auf zufriedene, loyale *Kunden,* die uns nur dann verbunden bleiben, wenn es uns gelingt, Produkte und Dienstleistungen entsprechend ihren hohen Anforderungen zu erbringen und auf Dauer ein verlässlicher Partner zu sein
- auf ein klar definiertes *Betätigungsgebiet*; wir wollen immer nur da tätig werden, wo wir auf unseren bestehenden Technologien aufbauen können
- auf ein gesundes *Wachstum*, mit dem wir mindestens so schnell wie der Markt wachsen wollen
- auf die Beteiligung unserer *Mitarbeiter* am Unternehmenserfolg und durch eine leistungsorientierte Bezahlung
- auf einen kooperativen, zielorientierten *Führungsstil*, der ein größtmögliches Maß an Freiraum ermöglicht
- auf die Wahrnehmung von Verpflichtung gegenüber dem Gemeinwesen, in dem wir tätig sind

Aus den HP-Werten und Zielen lässt sich erkennen, dass "die Mitarbeiter unser größtes Vermögen sind" (Bill Hewlett). Für den Personalbereich bedeutet dies die Überprüfung der Fragen, wie effizient sind unsere Dienstleistungen und wie können rechtzeitig Veränderungen im Unternehmen als auch auf dem Arbeitsmarkt erkannt und berücksichtigt werden. Diese Fragestellung führte dazu, in den achtziger Jahren bei HP die Funktion "Personalcontrolling" zu entwickeln.

2. Anlass und Zielsetzung

Bei HP entstand Personalcontrolling Ende der achtziger Jahre aufgrund interner und externer Einflüsse. Intern durch die Entstehung von dezentralen Personalorganisationen: HP ist gewachsen durch Zellteilung, kaum eine Division ist größer als 1000 Mitarbeiter. Als Folge der Dezentralisierung kam es teilweise zu Doppelarbeit. Für HP zeigte sich vor allem im Bereich der Personalstatistik die Notwendigkeit, ein gemeinsames Konzept zu entwickeln. Zahlenwerte waren nicht oder schlecht vergleichbar; die Gleichheit der Prozesse war gefährdet.

Externe Einflüsse waren der immer stärker werdende Konkurrenz- und Kostendruck, die Schnelllebigkeit bzw. Dynamik des Marktes sowie heute auch die zunehmende Internationalisierung und dadurch Veränderung der Anforderungen ans Personalmanagement.

Letztendlich auslösender Impuls für Personalcontrolling war ein Führungswechsel in der obersten Führungsebene. Die Forderung von Heinz Fischer lautete:

"Ich brauche zur Führung der Funktion Personal ein Steuerungsinstrument, welches Hinweise auf Veränderungen gibt und mir hilft, die Effizienz unserer Arbeit zu verbessern."

Personalcontrolling soll also verstanden werden als Steuerungsinstrument und nicht nur als Kontrollinstrument. Dieses Steuerungsinstrument soll helfen, agieren zu können, anstatt reagieren zu müssen. Man wollte frühzeitig Hinweise auf Veränderungen bekommen durch die systematische Beobachtung und Prognose von relevanten Umweltfaktoren.

Nachdem die Zielsetzungen definiert waren, hatte sich mit der Thematik zunächst eine Projektgruppe auseinandergesetzt, die aus allen Personalbereichen der verschiedenen Organisationseinheiten, aus Personalspezialisten mit speziellen Kenntnissen in EDV und Statistik und aus Mitgliedern höherer Hierarchieebenen zur Erhöhung der Akzeptanz des Projektes zusammengesetzt war. Funktionale und fachliche Kompetenz waren in der Projektgruppe vertreten, auch Mitarbeiter, die später mit den Ergebnissen des Prozesses arbeiteten oder konfrontiert wurden, wurden miteinbezogen.

Eine enge Zusammenarbeit fand auch mit Universitäten statt, im speziellen mit Professor Wunderer von der Hochschule St. Gallen und Professor Ackermann in Form von Diplomarbeiten, Praktikanteneinsätzen und persönlichen Gesprächen.

Folgende Anforderungen wurden von der Projektgruppe für Personalcontrolling definiert:
- das Konzept sollte zukunftsorientiert sein
- Prozesse und Dienstleistungen sollten messbar sein
- Unterstützung durch die EDV sollte gegeben sein
- Unterstützung durch Selbst-/Fremdkontrolle

3. Unser Verständnis von Personalcontrolling

Nachdem es in der Literatur verschiedene Definitionen von Personalcontrolling gab, galt es, eine Definition zu finden, die dem Verständnis von HP entsprach und dessen Zielsetzungen beinhaltete. Gewählt wurde ein integrierter Ansatz, der den operativen, planerischen und strategischen Ansatz einschließt. *Operativ* im Sinn von systematischer Gewinnung und Verarbeitung von Informationen, Erfassung des IST-Zustandes mit dem Ziel, die Effizienz unserer Arbeit zu überprüfen; *planerisch und strategisch* im Sinn von "Blick in die Zukunft"; Unterstützung bei Planungs- und Entscheidungsprozessen.

An dieser Stelle möchte ich noch einmal darauf hinweisen, dass dieses Konzept speziell für HP entwickelt wurde, d. h. für eine Firma mit unserer Unternehmenskultur, unseren Kennzahlen und unserem Marktumfeld.

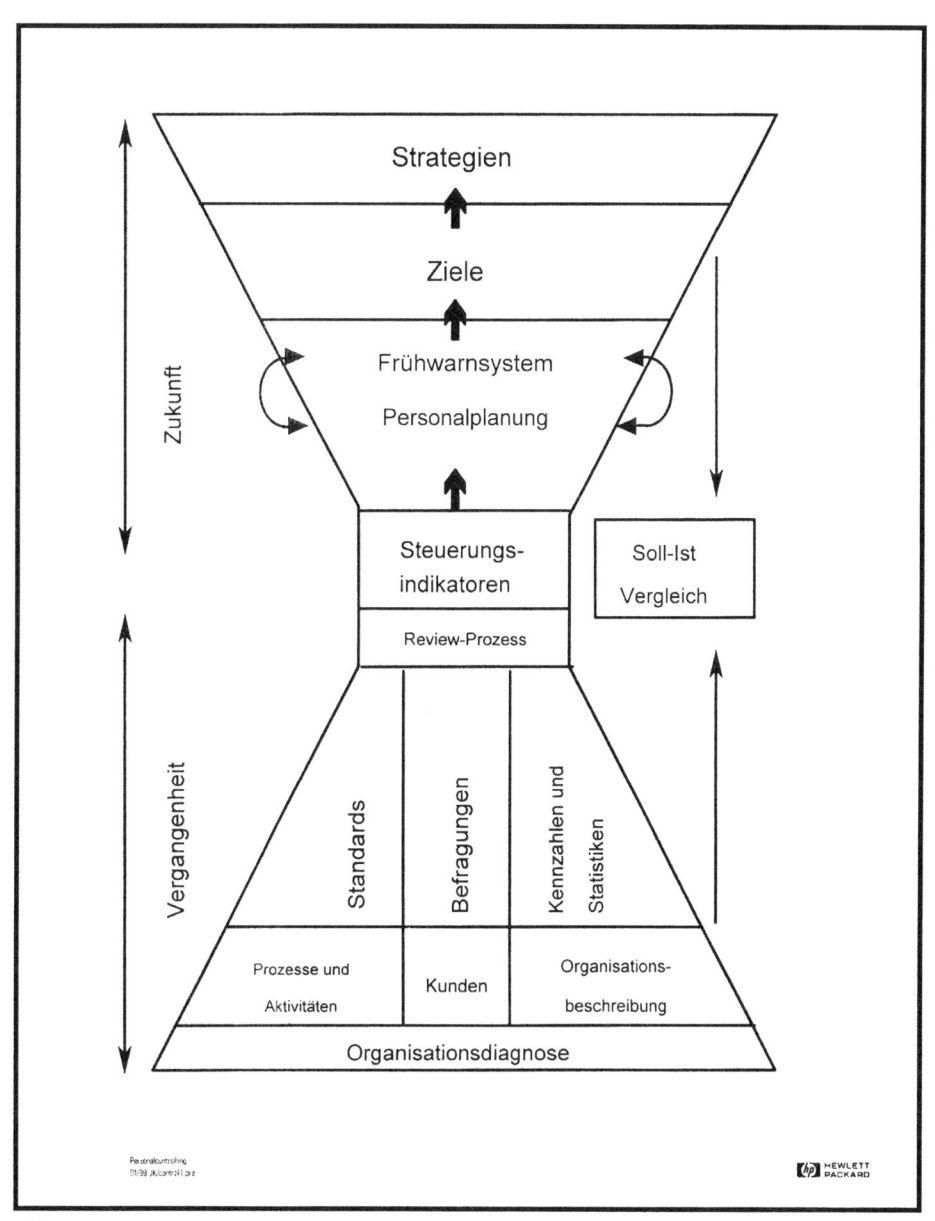

Abb. 1: Das HP-Personalcontrolling-Konzept

Unser Konzept in Form eines Trichters integriert Instrumente, die *Vergangenheit, Gegenwart und die Zukunft* berücksichtigen. Die Instrumente im unteren Trichterteil dienen der Organisationsbeschreibung und -diagnose, die im oberen Trichterteil der Strategieausrichtung. Organisationsdiagnose bedeutet dabei die Analyse von vergangenheits- und gegenwartsbezogenen, personalspezifischen Daten sowie die Analyse der Organisationsstruktur im Personalbereich. Dabei legen wir vor allem auch Wert auf qualitative Daten. Die Erfassung des Betriebsklimas, der qualitativen Mitarbeiterstruktur etc. unterstützt das Ziel, die Zufriedenheit, Motivation, Qualifikation und auch die Leistungsbereitschaft unserer MA sicherzustellen.

Diese Informationen dienen dazu, die Effizienz unserer eigenen Personalarbeit zu überprüfen als auch Planungs- und Entscheidungsprozesse zu unterstützen.

Viele dieser Instrumente sind bewährte Personalinstrumente. Was also war das Neue an diesem Ansatz?

Der Mehrwert zeigt sich in der Zukunftsorientierung, in der Berücksichtigung von qualitativen Trends (Betriebsklima, Kundenzufriedenheit etc.) und in der Zusammenführung der verschiedenen Instrumente in eine Funktion. Der Vorteil entsteht durch die Vernetzung der Datenquellen. Die Ergebnisse werden nicht isoliert betrachtet. Die Statistik über die Austritte pro Bereich wird verknüpft mit den Ergebnissen der Mitarbeiterbefragung und der Personalplanung. Es entstehen "neue Bilder".
Instrumente:

Ein wichtiges Instrument sind *Kennzahlen und Statistiken,* die der Bereitstellung von Informationen für Planungs- und Entscheidungsprozesse und zur Kontrolle von Aktivitäten dienen. Die Kennzahlen werden je nach Wichtigkeit und Veränderungsgeschwindigkeit monatlich, quartalsweise, halbjährlich oder jährlich erhoben. Neben der zeitlichen Struktur sind die Kennzahlen in die Kategorien "Personalstruktur", "Personalbewegungen", "Personalbestand", "Personalspezifische Daten" (z.B. Anzahl bzw. Quote nicht geführter Mitarbeitergespräche) und in "Externe Vergleichsdaten" eingeordnet. Durch ein sinnvolles Kennzahlensystem lassen sich große Schwankungen erkennen; das kontinuierliche Beobachten von Kennzahlen unterstützt das Frühwarnsystem; das Management kann sich rechtzeitig auf Entwicklungen einstellen bzw. reagieren.

Mit Kennzahlen wurde bei HP schon seit vielen Jahren gearbeitet, immer mehr und noch differenziertere Statistiken wurden gefordert. Das Ergebnis belief sich auf ein 120-Seiten umfassendes Zahlenwerk, durch das der Kunde wenig Motivation hatte, sich zu mühen. Der Blick fürs Wesentliche ging verloren.

Ein neuer Ansatz, der in den neunziger Jahren eingeführt wurde, ist das Kennzahlen-Netz. Es zeigt alle wesentlichen Daten auf einen Blick und hat den Vorteil, dass die Zusammenhänge zwischen den verschiedenen Feldern sichtbar werden. Es wird kein Ordner mehr mit 120 Seiten Zahlenmaterial veröffentlicht, sondern lediglich dieses Netz und eine übersichtliche 6 - 8-seitige Dokumentation, in der die wesentlichen Veränderungen aufgezeigt werden.

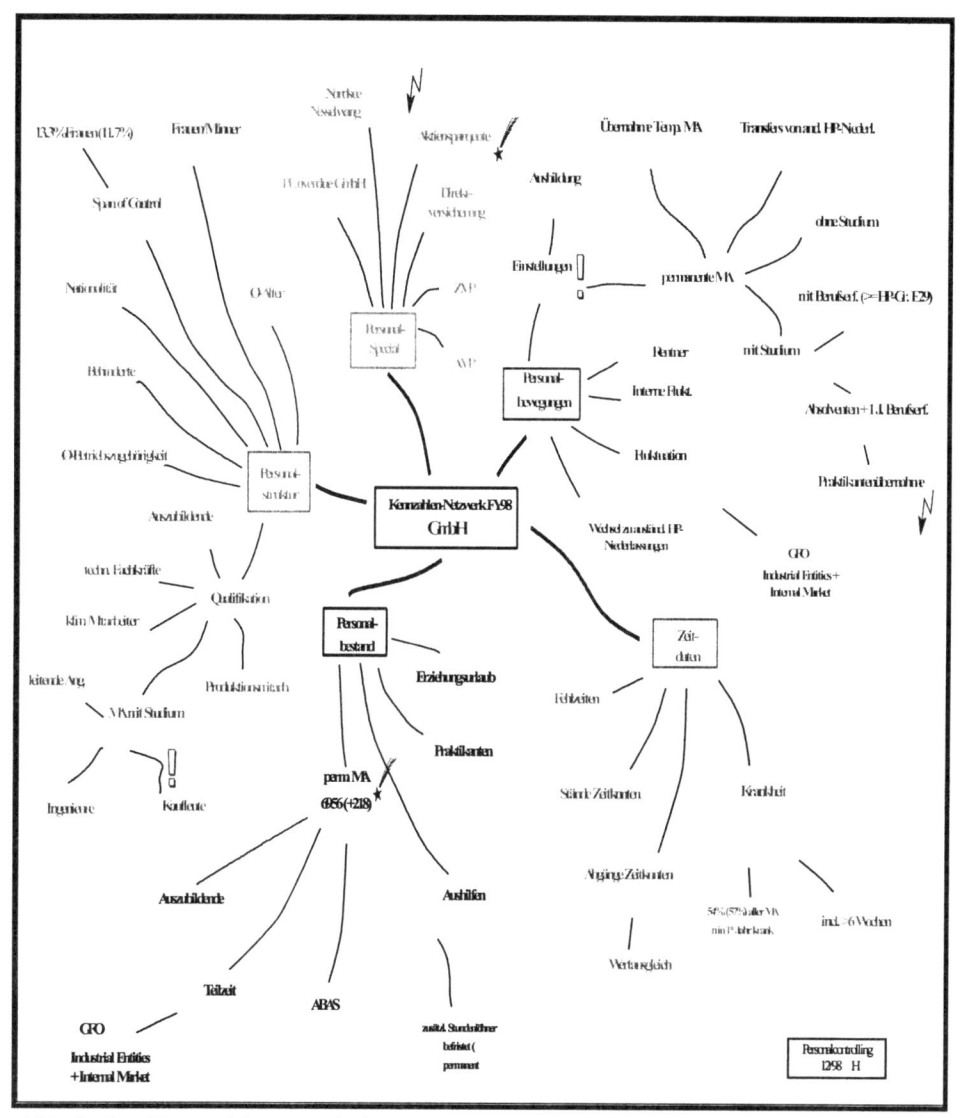

Abb. 2: Das Kennzahlen-Netz bei HP

Vorteile:
- die wesentlichen Personalinformationen sind auf einen Blick ersichtlich
- da bei Bedarf Detailstatistiken abgerufen werden, hat Personalcontrolling einen Überblick, welche Zahlen tatsächlich benötigt werden
- Personalcontrolling hat die Möglichkeit, die angeforderte Kennzahl beim Kunden nach Sinn und Zweck zu hinterfragen

Mitarbeiterbefragungen dienen dazu, die Kommunikation zu verbessern; Ansichten und Meinungen der Mitarbeiter einzuholen; die Bereitschaft zu fördern, auch mit schlechten Nachrichten zur Führungskraft zu gehen. Durch die Befragung soll die Möglichkeit gegeben werden, Schwachstellen zu erkennen und zu verstehen, den Erfolg von Programmen und Aktionen aus früheren Umfragen zu messen und letztendlich fundierte Entscheidungen zu treffen.

HP führt alle zwei Jahre eine schriftliche, anonyme Mitarbeiterbefragung durch. Im Sommer 1997 fand wieder eine Befragung mit 80 Fragen zu verschiedensten Kategorien wie z.B. Management, Führung, Kommunikation, Arbeitsbeziehungen, Arbeitsumfeld, Arbeitsleistung, Mitarbeiterentwicklung, Anerkennung usw. statt. Rund 30 Prozent der Mitarbeiter nutzen auch die Gelegenheit, in Kommentaren Themen anzusprechen, die ihnen wichtig sind. Um die Anonymität sicherzustellen, umfasst eine Auswertung mindestens 15 abgegebene Fragebögen. Verschiedene Projektgruppen beschäftigen sich mit der Analyse der Ergebnisse.

Wesentliche Rahmenbedingungen wie die Bereitschaft zur Meinungsäußerung und die Akzeptanz der Umfrage seitens der Mitarbeiter, die Bereitschaft der Führungskraft, sachlich berechtigte und angemessen Kritik zu akzeptieren und daran zu arbeiten, ein hoher Stellenwert bei der Unternehmensleitung und das Treffen von Entscheidungen müssen gegeben sein, um eine Befragung erfolgreich durchzuführen.

Ein Beispiel bei HP, das aus den Befragungsergebnissen als Aktion abgeleitet wurde, ist die Entwicklung einer Gesamtvergütungsübersicht, die jeder Mitarbeiter einmal jährlich erhält. Durch die detaillierte Auflistung der Vergütungskomponenten, die grafische Darstellung und die Vorausschau auf zukünftig erfolgende Leistungen ist es gelungen, die Transparenz des Leistungsnetzes beim Mitarbeiter zu erhöhen bzw. die Einschätzung/Bewertung des Leistungspaketes für den Mitarbeiter objektiver zu ermöglichen.

Ein anderes Beispiel zum Thema Führungseigenschaften ist ein Entwicklungsprogramm zur Verbesserung von Führungsqualitäten, das als Aktionsplan aus den Mitarbeiterbefragungsergebnissen von einem Arbeitskreis ins Leben gerufen wurde. Mit diesem Instrument haben sowohl die Mitarbeiter als auch die Führungskraft durch selbstkritische Einschätzung die Möglichkeit, Feedback zu geben zu den Führungseigenschaften als "Leader", "Manager", "Experte", und "Coach".

Standards

Es werden zwei Arten von Standards unterschieden: die Prozessstandards und die Zahlenstandards. Die *Prozessstandards* beschreiben typische Personalprozesse und stellen die Gleichbehandlung der Mitarbeiter in den verschiedenen Unternehmensbereichen sicher. Beispiele solcher Prozessstandards sind: Ablauf einer Stellenbesetzung, das Beurteilungsverfahren, der Mitarbeitergesprächsprozess.

Die *Zahlenstandards* definieren Grenzwerte, die mindestens erreicht oder aber nicht überschritten werden sollen. Sie werden sowohl für personalspezifische Prozesse definiert, als auch für Kennzahlen, die das Unternehmen beschreiben. Sinnvollerweise sollte für jede Zahl des Kennzahlen-Netzes ein solcher Grenzwert definiert werden. Fehlt der

Grenzwert, lassen sich erarbeitete Daten nicht bewerten. Sie werden lediglich als Informationen aufgenommen.

Als Vorteile von Standards lassen sich nennen: Die Prozessstandards dienen als Instrument zur Selbstkontrolle für die Personalmitarbeiter. Die eigene Arbeit ist vergleichbar mit einem empfohlenen "Soll". Auch die Einarbeitung von neuen Mitarbeitern wird durch das Vorhandensein aktueller Prozessstandards erleichtert. Die Zahlenstandards machen eine Bewertung der aktuellen Zahlen möglich und geben Signal bei Soll-Ist-Abweichungen.

Personal-Reviews, wie sie bei HP noch vor einiger Zeit durchgeführt wurden, dienten der Selbstkontrolle der täglichen Personalarbeit, der Optimierung von Prozessen in der Personalorganisation und dem Erfahrungsaustausch und voneinander Lernen der Personalkollegen. In regelmäßigen Abständen wurde die Arbeit von einzelnen Personalabteilungen durch ein Team von Kollegen untersucht.

Da sich heute die Struktur der Zusammenarbeit innerhalb der Personalorganisation bei HP geändert hat, wird der klassische Personal-Review bei HP zur Zeit nicht durchgeführt. Durch die Internationalisierung und Harmonisierung von Personalprozessen europaweit finden viele geschäftsbereichsübergreifende Personalprojekte statt, in denen Personalkollegen zusammen vertreten sind. Diese Zusammenarbeit findet statt im Gremium auf Personalleiter-Ebene, in dem strategische und operative Fragestellungen behandelt werden bis hin zu regelmäßigen Sachbearbeiterbesprechungen bzgl. personalverwaltungstechnischen Fragestellungen.

4. Funktionen des Personalcontrollings

Das Konzept beinhaltet die Informationsfunktion mit den soeben beschriebenen Instrumenten, die Kontroll-Evaluierungsfunktion "Soll-Ist-Vergleich" aus der detaillierten Analyse der gewonnenen Informationen im Vergleich zu festgelegten Messgrößen. Frühwarnung bedeutet für uns, Veränderungen in der Umwelt und im Unternehmen, die für die Personalarbeit von Bedeutung sind, frühzeitig aufzuzeigen, so dass Maßnahmen ergriffen werden können, bevor das Unternehmen Nachteile in Kauf nehmen oder auf eine Chance verzichten muss. Die Frühwarnung, d.h. die Erfassung relevanter Trends unterstützt die Planung und die Kontrolle der Personalarbeit.

Im Frühwarnsystem durchlaufen alle Informationen und Daten, die die Vergangenheit und Gegenwart beschreiben, bildlich gesehen einen Farbfilter. Dieser funktioniert wie eine Ampel: Viele Informationen durchlaufen den Filter, springen auf "grün" und signalisieren damit: alles OK - kein Handlungsbedarf notwendig!

Bei anderen Informationen springt die Ampel auf gelb oder sogar auf rot. An dieser Stelle werden die Ergebnisse der Abweichungsanalyse zur Grundlage für Personalziele und Strategien. Alle erhobenen Informationen dürfen nur als Fundament gesehen werden, auf das die Zukunft aufgebaut wird. Je früher die "Krankheit" erkannt wird, desto eher besteht die Chance auf Heilung. Wenn alle gewonnenen Informationen kontinuierlich den Farbfilter durchlaufen, dürfte die Ampel nie von grün auf rot springen. Nach grün kommt gelb, es ist Zeit zum Anhalten. Das Frühwarnsystem funktioniert!

4.1 Organisatorische Eingliederung

Warum ist Personalcontrolling im Personal angesiedelt? Eine Datenerfassung ohne Analyse ist sicherlich auch von anderen Bereichen aus möglich. Aber wenn es um Analysen und Aussagen über die Informationen geht, ist es nicht unerheblich, dass die Funktion, die die Daten analysiert, weiß, wie sie entstanden sind, welche Aussagekraft sie haben, ob sie vergleichbar sind usw. Um Strategien im Personalmarketing, in der Beschaffung aber auch in anderen Personalfunktionen zu entwickeln, bedarf es Informationen über den Arbeitsmarkt, Bevölkerungsentwicklung, Betriebsklima -> diese Informationen liefert Personalcontrolling an das Management, an Personalmarketing, Employment und die dezentralen Personalbereiche in enger Zusammenarbeit.

5. Grenzen und Nutzen des Personalcontrollings

Nutzen:

Die Personalinstrumente, die demselben Zweck dienen, werden nicht mehr voneinander losgelöst betrachtet, sondern in einer Funktion integriert. Der Mehrwert entsteht durch die Konsolidierung der Daten. Zentrales Personalcontrolling in einer dezentralen Organisation konsolidiert die verschiedenen Informationen an einer Stelle und stellt somit Vergleichbarkeit sicher. Dadurch wird Doppelarbeit vermieden.

Die Umwelt wird systematisch beobachtet:

- *Gefahren vermindern:* Wenn Trends frühzeitig aufgezeigt werden, können damit verbundene Nachteile und Gefahren vermindert werden. Bei einer Mitarbeiterbefragung eine Veränderung des Betriebsklimas zu entdecken, ermöglicht, Maßnahmen zu ergreifen, bevor die Austrittsrate spürbar ansteigt oder die Motivation der Mitarbeiter spürbar sinkt.

- *Sensibilisierung:* Personalcontrolling hat die Aufgabe, bestimmte Themen in der Organisation immer wieder ins Bewusstsein zu rufen. Was ändert sich im Umfeld, hat es Auswirkungen auf unsere Personalarbeit? Es ist nicht so, dass Trends immer wieder überraschende Neuigkeiten enthalten, wichtig ist jedoch, dass regelmäßig über diese Fragestellungen geredet wird.

- *Zeitgewinn:* Daten werden nicht mehr zufällig analysiert. Dadurch werden Tendenzen und kritische Entwicklungen früher bemerkt. Maßnahmen in der Personalarbeit wirken erst mit einer gewissen Zeitverzögerung. Neue Technologien bewirken veränderte Qualifikationsanforderungen, die kurzfristig nicht bereitzustellen sind. Wichtig ist es darum, Wandlungen im Umfeld rechtzeitig zu erkennen, damit genügend Zeit bleibt, erforderliche Maßnahmen einzuleiten.

Grenzen:

Ohne ein entsprechend komfortables EDV-System ist die Erstellung der Personalinformationen mit hohem *Aufwand* verbunden.
- konsequent auf ein angemessenes Aufwand/Nutzen - Verhältnis achten
- Produzieren von Zahlenfriedhöfen bringt keinen Value Added

Personalcontrolling erfordert *Ressourcen,* die bereitgestellt werden müssen.

Personalcontrolling als Zentralfunktion darf nicht als Kontrollinstanz für die dezentralen Personalabteilungen verstanden werden. Es muss gelingen, den dezentralen Bereichen *den Nutzen der Funktion* zu verdeutlichen.

Dipl. math. Martina Backes

Wissensbasierte Unternehmensführung und Umsetzung bei Skandia

Inhaltsverzeichnis

1. **Wer ist Skandia ?** 139
   - *1.1 Skandia Weltweit* *139*
     - *1.1.1   Skandia AFS* *139*
   - *1.2 Skandia Berlin* *139*

2. **Skandia's Intellectual Capital** 141

3. **Skandia Navigator** 142

4. **Skandia Wissensbilanz** 143

5. **Skandia Prozessmodell** 144
   - *5.1 Vision und Ziele* *144*
   - *5.2 Kritische Erfolgsfaktoren* *144*
   - *5.3 Kennzahlen* *145*
   - *5.4 Aktionsplan* *145*

6. **Dolphin** 147

1. Wer ist Skandia ?

1.1 Skandia Weltweit

Die Skandia wurde 1855 in Stockholm gegründet und ist eines der ältesten Unternehmen, die an der Stockholmer Börse notiert sind.

1.1.1 Skandia AFS

Skandia AFS (Assurance and Financial Services) hat sich das Angebot von langfristigen Sparprodukten zum Ziel gemacht. Mit der Konzeption, die Vermögensanlagen in Zusammenarbeit mit unabhängigen Maklern und Fondsmanagern zu gestalten, ist Skandia AFS weltweit der viertgrößte Anbieter Fondsgebundener Produkte mit und ohne Versicherungsschutz mit Tochtergesellschaften in über 20 Ländern.

1.2 Skandia Berlin

Die Skandia in Berlin wurde 1991 gegründet. Die Skandia Lebensversicherung ist spezialisiert auf Fondsgebundene Lebens- und Rentenversicherungen. Dies ist in Deutschland immer noch ein Nischenmarkt, auch wenn mittlerweile ca. 10% des Neugeschäftes im Lebensversicherungsbereich als Fondsgebundene Versicherungen abgeschlossen wird. Eine weitere Besonderheit bei Skandia ist der Verzicht auf eine eigene Außendienstorganisation. Der Vertrieb erfolgt ausschließlich über Makler und Mehrfachagenten. Bei der Erreichung des Zieles, die Nr.1 für Fondsgebundene Produkte im Maklermarkt zu werden, baut Skandia auf die Qualität der Produkte, die sie den Maklern zur Verfügung stellt. Besonderen Wert wird auf Transparenz gelegt, sowohl bei den Kosten wie auch bei der Kapitalanlage. Es werden nur ausgesuchte Fonds von unabhängigen Investmentgesellschaften, die Skandia's Qualitätsanforderungen genügen, angeboten. Die Produkte sind allesamt ungezillmert, d.h. sie sind so gestaltet, dass bereits vom ersten Beitrag des Versicherungsnehmers in die von ihm ausgesuchten Investmentfonds investiert wird. Die Produkte sind ein Hilfsmittel, die Bedürfnisse der Kunden, die sich aus ihren individuellen Lebenssituationen ergeben, zu erfüllen.

Die beschriebene Philosophie wird gut durch die nachfolgende Graphik dargestellt.

Kompetenz	• Spezialisten in Fondsgebundenen Finanzdienstleistungen
	• IT- Kompetenz
Konzepte	• Transparente Investment Strategien
	• Gemanagte Portfolios
	• Ablauforientierung
	• Service
Kontakte	• Investmentgesellschaften
	• Anlageberater
	• Unabhängige Makler
	• Key Accounts

Abb. 1: Philosophie bei Skandia

2. Skandia's Intellectual Capital

Thomas A. Stewart schrieb in der Fortune: „Intellectual Capital is something you can not touch, but it still makes you rich." Bereits 1991 begann Leif Edvinsson mit der Entwicklung des Konzeptes „Intellectual Capital" für Skandia AFS. Basis dieses Konzeptes ist die Erkenntnis, das es sich kein Unternehmen leisten kann, seine wertvollsten Aktiva ungenutzt zu lassen, die intellektuellen Ressourcen seiner Mitarbeiter. Intellectual Capital wird definiert, als der Unterschied zwischen dem Marktwert und Buchwert eines Unternehmens. Intellectual Capital besteht aus Humankapital, Strukturkapital und Kundenkapital.

Wichtig für das Unternehmen ist der Aufbau von Strukturkapital. Strukturkapital entsteht aus:

- Informationssystemen
- Datenbanken
- Prozessen
- Marktwissen
- Kundenbeziehungen
- Management Focus

Dies klingt soweit noch sehr abstrakt. Dabei handelt es sich doch beim „Intellectual Capital" nicht nur um reines Faktenwissen, sondern auch um Beziehungsgeflechte zwischen den Mitarbeitern. Die Zusammenarbeit innerhalb des Unternehmens wird durch eine offene Kommunikation gefördert.

3. Skandia Navigator

Der Skandia Navigator ist die Weiterentwicklung des Balanced Scorecard Konzeptes, oder anders ausgedrückt, die Skandia Variante der Balanced Scorecard. Der Skandia Navigator ist ein neues Unternehmensmodell, mit dessen Hilfe die Situation des Unternehmens treffender dargestellt werden kann. Der Navigator dient dem Unternehmen, ein ausgewogeneres Bild zu sehen und darzustellen. Durch die Navigatorsicht wird eine Balance zwischen Vergangenheit, Gegenwart und Zukunft hergestellt. Es wird eine Darstellung für das „Intellectual Capital" gesucht, das oft auch als unsichtbare Aktiva bezeichnet wird.

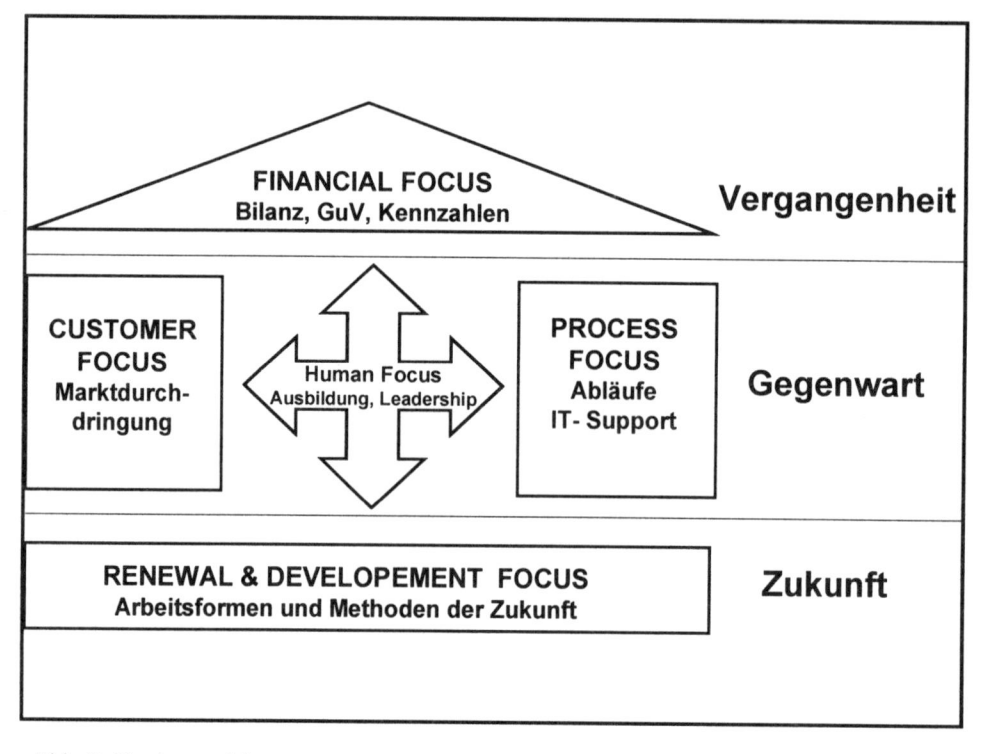

Abb. 2: Navigatorsicht

4. Skandia Wissensbilanz

Unter dem Stichwort „Visualizing Intellectual Capital in Skandia" wurde erstmalig mit dem Geschäftsbericht 1994 eine Wissensbilanz als Anhang veröffentlicht. Dieser Anhang erfreut sich zunehmender Beliebtheit.

Die Skandia in Berlin hat erstmals mit dem Geschäftsbericht für 1997 eine Wissensbilanz veröffentlicht. Hierin wird für jeden einzelnen Focus des Skandia Navigators eine Anzahl von Indikatoren definiert und dargestellt.

5. Skandia Prozessmodell

Die Erkenntnis, dass sich der Wert eines Unternehmens nicht alleine aus dem finanziellen Ergebnis eines Geschäftsjahres ablesen lässt, hat Skandia auch in die Budgetplanung übertragen. Bereits die Planung des Geschäftsjahres 1999 wurde Skandia weit mit Hilfe des Skandia Prozessmodells, das dem Navigator zugrunde liegt durchgeführt. Budgets im klassischen Sinne werden nicht mehr vereinbart.

Jede der Skandia Gesellschaften hat hier mit Sicherheit ihren eigenen Ansatz der Umsetzung der künftigen Unternehmensplanung. Hier sollte man sich keineswegs nur auf das kommende Geschäftsjahr beschränken. Die aktuelle Planung der Skandia in Berlin geht von einem Dreijahreshorizont aus. Der Begriff „Prozessmodell" ist hier im wahrsten Sinne des Wortes zu sehen. Entscheidend für die Anwendung des Skandia Navigators ist der Ansatz, die Unternehmensstrategie mit dieser Methode umzusetzen. Die einzelnen Schritte hierzu werden nachfolgend beschrieben.

5.1 Vision und Ziele

Eine klare Definition der Vision und der langfristigen Unternehmensziele steht im Vordergrund. Alle Umsetzungspläne werden an der Unternehmensvision (Vision & Objectives) ausgerichtet. Dies kann einiges an Vorarbeit und grundsätzlichem Umdenken erfordern, auf keinen Fall sollte man hierfür zu wenig Zeit investieren. An erster Stelle steht die Herausarbeitung der Vision, der Unternehmenszweck. An ihr werden alle kurz- und langfristigen Ziele ausgerichtet. Die Erfahrung zeigt, dass wenige, klar formulierte Ziele mehr sind. Die Zieldefinition darf nicht mit einer Aufzählung von Aktivitäten verwechselt werden. Die Ziele sollten möglichst so formuliert sein, dass sie einige Jahre überdauern. Hilfreich ist, wenn man bereits bei der Definition der Ziele eine Vorstellung darüber entwickelt, nicht nur wie, sondern auch wann man diese erreichen will.

5.2 Kritische Erfolgsfaktoren

Ausgehend von den Unternehmenszielen definiert man kritische Erfolgsfaktoren (critical success factors), die für die Erreichung dieser Ziele von Bedeutung sind. Diese Erfolgsfaktoren wird man in der Regel sehr allgemein definieren, sie können durchaus auch Auswirkungen auf mehrere Bereiche des Unternehmens haben. Die Zuordnung der kritischen Erfolgsfaktoren kann sinnvollerweise zu mehreren der dargestellten Bereiche (Fokus) erfolgen. In der Praxis steht man sehr oft vor der Grundsatzdiskussion handelt es sich nun um einen kritischen Erfolgsfaktor oder eine Kennzahl. Offensichtlich sind die Grenzen beziehungsweise Übergänge sehr fließend. Die individuelle Umsetzung lässt hier auch durchaus Interpretationsspielräume zu. So kann beispielsweise ein kritischer Erfolgsfaktor ein innovatives Produkt sein; die entsprechende Kennzahl hierzu kann im „Finanz Fokus" die Profitabilität dieses neuen Produktes sein und im „Innovations Fokus" der Anteil dieses Produktes am Neugeschäft sein.

5.3 Kennzahlen

Wenn man hier schon von den Einflussfaktoren spricht, die als kritisch anzusehen sind für den Erfolg des Unternehmens, so möchte man diese Faktoren auch bewerten oder messen können, um ein Indiz über den Einfluss auf den Unternehmenserfolg zu haben. Hierzu werden Kennzahlen definiert, die es erlauben eine Aussage über die kritischen Erfolgsfaktoren zu treffen. Wichtig ist hierbei, dass die Kennzahlen leicht verständlich und deren Ermittlung nicht zu aufwendig ist. Dies ermöglicht die Kennzahlen möglichst zeitnah und in kurzem Abstand (am besten monatlich) zu aktualisieren. Für jede Kennzahl wird ein Zielwert vereinbart und der Zeitpunkt bis zu dem man diesen Zielwert erreichen will. Bei den definierten Kennzahlen ist es besonders wichtig die Entwicklung im Jahreslauf zu sehen.

Beim erstmaligen Definieren der Kennzahlen sollte man vielleicht den Wahlspruch „Weniger ist Mehr" beherzigen. Allzu leicht lässt man sich die diffizilsten Kennzahlen einfallen, deren Errechnung und ständige Aktualisierung dann weit aufwendiger ist als die Aussagekraft der Kennzahl. Wichtig für den Umgang mit dem Navigatorkonzept bzw. dem Skandia Prozessmodell ist das Anfangen mit dem Messen einzelner Erfolgsfaktoren. Die Zuordnung der Kennzahlen zu den verschiedenen Bereichen hilft bei der Beurteilung inwieweit diese die Geschäftätigkeit widerspiegeln.

5.4 Aktionsplan

Der Weg zur Erreichung der Ziele wird mit Hilfe von Aktionsplänen definiert. Hier können sowohl einzelne Aktivitäten, wie auch umfangreichere Projekte ins Spiel kommen. Die Aktionspläne sollen in jedem Fall dazu dienen, die Kennzahlen ihrem Zielwert immer näher zu bringen. Genau so gut können hier auch Projekte oder Aktionen aufgeführt werden, die es erst möglich machen sollen, die Kennzahlen überhaupt zu ermitteln, beispielsweise der Aufbau eines Data Warehouses oder einer Statistikdatenbank. Stellt man sich die Frage, auf welche Projekte man sich konzentrieren soll, so ist es hilfreich, Fokus für Fokus durchzugehen. Den Finanzfokus kann man sehr leicht unter dem Stichwort

„ausreichende Rendite für den Aktionär" subsumieren. Wie erreicht man dieses Ziel am besten? Zufriedene Kunden, effiziente Prozesse, kompetente und zufriedene Mitarbeiter, sowie die Kraft die eigenen Produkte und Unternehmensabläufe zu erneuern.

6. Dolphin

Mit dem Dolphin System hat Skandia ein Intranetsystem entwickelt, das es ermöglicht, konzernweit alle Unternehmensdaten darzustellen, zu konsolidieren und untereinander zu vergleichen. Dies ist nun die Software, die dem Management wie auch jedem einzelnen Mitarbeiter beim „Navigieren" des Unternehmens bzw. der individuellen Ziele behilflich ist. Mit Dolphin hat man ein Werkzeug geschaffen, das die Umsetzung des Navigatorkonzeptes in der Praxis möglich macht.

Auf Basis des Skandia Prozessmodells definiert jede Gesellschaft ihre Ziele, kritische Erfolgsfaktoren und die dazugehörigen Kennzahlen, sowie die Projekte und Maßnahmen, die dem Erreichen der Ziele dienen. Dolphin ist nun so aufgebaut, dass alles was zu dieser Planung des nächsten Geschäftsjahres oder wenn man möchte auch mehrerer Geschäftsjahre, innerhalb des Systems dokumentiert werden kann. Es gibt eigene Menüs mit deren Hilfe die Ziele, die kritischen Erfolgsfaktoren, die Kennzahlen und Aktionspläne erfasst werden können. Es besteht darüber hinaus die Möglichkeit Dateien wie etwa Word- Dokumente, Excel- Spreadsheets oder Powerpoint- Präsentationen per Upload in Dolphin zu hinterlegen. Aktuelle Projektpläne, die zu den geplanten Aktionen gehören, können hier ebenso eingebunden werden, wie allgemeine Informationen zum Unternehmen.

Im obigen Kapitel wurde das Prozessmodell beschrieben, mit dessen Hilfe man die Unternehmensplanung durchgeführt hat. Mit Dolphin hat man nun das Mittel um die Planung zu verfolgen. Aktualisiert man innerhalb Dolphins die Kennzahlen und den Stand der Projekte, so kann sich jeder Berechtigte jederzeit über den Stand des Unternehmens informieren. Unterstützt wird die Darstellung der Kennzahlen durch Standardgraphiken. Die Kennzahlen werden je nach Art kumuliert von Jahresbeginn an dargestellt, oder im gleitenden 12- Monatsrhythmus; eine Trendlinie wird ebenfalls angezeigt.

Diese Kennzahlen dienen somit nicht nur den internen Controllern als Basis, sondern werden auch von den zentralen Controllingbereichen zum Vergleich der Gesellschaften untereinander herangezogen; einige wenige Kennzahlen sind obligatorisch für alle Skandia Gesellschaften.

Eine weitere Nutzung von Dolphin ist das Erstellen individueller Navigatoren. D.H. hier hat man ein einfaches Hilfsmittel ausgehend von den Unternehmenszielen, Kennzahlen und Aktionen, dies herunter zu brechen auf Abteilungs- oder Funktionsebene, ja sogar auf Mitarbeiterebene. Der Mitarbeiter kann hier seine eigenen Ziele und Kennzahlen verwalten. Diese persönlichen Mitarbeiter- Navigatoren sind nur vom „Besitzer" selbst einzusehen, sodass die Vertraulichkeit gewahrt werden kann. Man hat darüber hinaus alle Möglichkeiten des Intranet. Es ist kein Problem Links zu anderen Webseiten einzubauen, die für die tägliche Information wichtig sind. Diese individuellen Navigatoren werden noch sehr vereinzelt genutzt. Vorreiter sind hier die Skandia Kollegen, die bei der Entwicklung und Umsetzung von Dolphin beteiligt waren.

Die Nutzung von Dolphin wächst natürlich mit der Attraktivität und Aktualität der Informationen, die dort zur Verfügung stehen. Werden die Mitarbeiter während des ganzen Prozesses der Zieldefinition, Herausarbeiten der kritischen Erfolgsfaktoren und Ausarbeitung der Aktionspläne einbezogen, so ist selbstverständlich das Interesse an dem jeweiligen Stand des Unternehmens größer. Nicht zuletzt mit hiermit erreicht man ein Einbeziehen eines jeden Mitarbeiters zur Teilhabe am Unternehmenserfolg. Der Gedanke des Unternehmertums wird so bei jedem Mitarbeiter transparent, der Beitrag jedes einzelnen wird entsprechend gewürdigt und kann anhand der Kennzahlen nachvollzogen werden.

Dolphin ist ein „lebendes" System, das mit seinen Nutzern wächst und ausgebaut wird.

Jürgen Niemann

Die Rolle des Personalmanagements bei Einführung der BahnStrategieCard

„Zukunft braucht Herkunft." (Odo Marquardt)

Inhaltsverzeichnis

1. Die BahnStrategieCard 03 151

2. Widerstände 154

3. Beiträge des Personalmanagements 155

4. Zielvereinbarungsprozess 157

5. Leistungsmessung im Personalmanagement 158

6. Veränderung der Führungskultur 159

1. Die BahnStrategieCard 03

Ein prinzipielles Problem unternehmerischer Steuerung, Entscheidungen auf der Basis von vergangenheitsbezogenen, häufig allein wertbasierten Daten und mit Zukunftsunsicherheit treffen zu müssen, soll durch die Balanced Scorecard gemildert werden. Die BSC integriert Informationen aus dem Unternehmen (Prozessperspektive, Mitarbeiterperspektive) und der Unternehmensumwelt (Kundenperspektive) mit finanzwirtschaftlichen Kennzahlen. Dabei ist die Veränderung der erhobenen Größen zwischen zwei Zeitpunkten eine mindestens ebenso wichtige Information wie die Größe selbst. Die BSC kann Ziele – im finanzwirtschaftlichen Bereich, aber auch auf anderen Feldern – gesamthaft/ganzheitlich vernetzt aufzeigen und zugleich die Erfolgsfaktoren zur Erreichung dieser Ziele identifizieren. Sie ist Führungs-, Kennzahlen- und Kommunikationssystem zugleich.

„Letzten Endes muss es aber einen Kausalzusammenhang aller Maßnahmen – und damit auch aller Kennzahlen auf der Scorecard – zu den finanzwirtschaftlichen Zielen des Unternehmens geben" (Weber: BahnStrategieCard - die Balanced Scorecard für die Deutsche Bahn). Dies gilt in besonderer Weise für die Deutsche Bahn. Bis 2003 muss der DB Konzern die Jahr für Jahr sinkenden Bundesleistungen für technische Rationalisierungsrückstände und personelle Mehrbestände und die aufgrund hoher Investitionen steigenden Abschreibungen und Zinsen kompensieren.

Um zu attraktiven Kapitalrenditen zu kommen und damit börsenfähig zu werden, verfolgt der Konzern, der 1998 mit 250.000 Beschäftigten 30,2 Mrd. DM Umsatz erwirtschaftete, eine qualitative und quantitative Wachstumsstrategie und treibt die Internationalisierung konsequent voran.

Die rechtliche Verselbständigung der Kerngeschäftsfelder, Personennah- und Fernverkehr, Güterverkehr, Betrieb von Schieneninfrastruktur (Netz und Personenbahnhöfe), in fünf unterschiedlich großen Aktiengesellschaften ist Teil dieser Strategie. Je marktnäher und selbständiger diese Gesellschaften agieren, desto eher werden sie Wachstums- und Erfolgspotentiale ausschöpfen. Dabei sollen sie die Synergien des Konzernverbundes nutzen, ohne sich auf andere Dinge als auf ihre Ziele und Erfolgsfaktoren in den BSC-Perspektiven und auf ihre spezifischen Kunden und Wettbewerber konzentrieren zu müssen.

Die Übersetzung der eigenen Strategie in eine handhabbare unternehmerische Information und eine reale unternehmerische Praxis „vor Ort" – also in den Gesellschaften des DB Konzerns, Niederlassungen, Regionalbereichen und Teams – ist ein wesentlicher Zweck der BahnStrategieCard 03, wie die BSC bei der Deutschen Bahn heißt. Daneben geht es um eine präzise Identifikation der im Bahnbetrieb „typischen" Erfolgsfaktoren bei der Verfolgung der Strategie und um eine kritische Rückkopplung auf eben diese Strategie durch die regional verantwortlichen Führungskräfte.

Deren unternehmerische Rolle soll durch die BSC gestärkt, die Kenntnis der Erfolgsfaktoren verbessert werden. Bei den Erfolgsfaktoren wird zu unterscheiden sein zwischen jenen, die sich auf die jeweilige Organisationseinheit beschränken lassen, z.B. den Gesundheitsstand und die Geschwindigkeit einzelner Arbeitsprozesse, und solchen, die team-, hierarchie- oder erst gesellschaftsfeldübergreifend wirksam werden, z.B. die Qualität des Prozesses „Fahrplanerstellung".

Auf den Feldern Qualität der Leistungserstellung und Kundenzufriedenheit/Marktanteil erfordert die Heterogenität des Geschäftes (und damit der Kunden wie der Geschäftsprozesse) der DB-Gesellschaften die Verwendung unterschiedlicher Kenngrößen. Eine typische BahnStrategieCard könnte folgendermaßen aussehen (Stand Juli 1999):

Die BahnStrategieCard [DB]

BSC 2003: Felder und Größen

Kundenzufriedenheit/Marktanteil	Effizienz/Finanzziele
• Ergebnis Kundenbefragung • Kundenbindung • Beschwerden • Entwicklung des spezifischen Marktanteils	• Umsatz • Produktivität gesamt/Produktivität pro Mitarbeiter • Betriebsergebnis/Deckungsbeitrag • Netto Cash Flow
Qualität der Leistungserstellung	**Engagement der Mitarbeiter**
• Pünktlichkeit • Verfügbarkeit von Fahrzeugen/Anlagen/Personal • Kundenbezogene Flexibilität • Schadensquote	• Mobilität • Fluktuation • Gesundheitsstand • Zielvereinbarungs-/erreichungsgrad • Verbesserungen

Abb. 1: Die BahnStrategieCard

Bis Ende 1999 sollen BSCs nach dem hier beschriebenen Muster in den Gesellschaften und deren regionalen Organisationseinheiten eingeführt werden; bereits ein Jahr später sollen sie im „Regelbetrieb" funktionieren.

Dabei wird eine enge Verbindung mit anderen, die unternehmerische Rolle der Führungskraft stärkenden Projekten angestrebt. Zu nennen ist neben der Durchsetzung von Führungsgesprächen mit Zielvereinbarungen auf allen Ebenen des Konzerns und der Einführung des Mitarbeitergespräches das Projekt „Kaufmännische Verantwortung", in dem Geschäftsprozessverantwortliche und Controller typische unternehmerische Situationen simulieren und die jeweilige Reaktion der „Unternehmer im Unternehmen" analysieren und bewerten.

Dem Prozess der Einführung kommt aus Sicht der Deutschen Bahn ebenso große Bedeutung zu wie der Anwendung der BSC selbst. Nur wenn im Zuge der Einführung die intensive Diskussion über die Erfolgsfaktoren einsetzt, wird eine Lernerfahrung gemacht, die Voraussetzung für eine sinnvolle Nutzung der BSC „im Echtbetrieb" ist.

2. Widerstände

„Jeder Eisenbahner hat seine BSC bereits im Kopf, sonst würde der Bahnbetrieb gar nicht funktionieren". Diese – wohl eher kritisch gemeinte – Äußerung eines Betriebsrates kann auch als Signal für Offenheit und Akzeptanz uminterpretiert werden. Tatsächlich sind auf Seiten der Betriebsräte die geringsten Widerstände gegen die BSC-Einführung zu spüren. Ausdrücklich wird gelobt, dass die Integration der Mitarbeiterperspektive und die Möglichkeit der Rückkopplung auf strategische Ziele und Entscheidungen des Unternehmens ein großer Fortschritt in der Führungskultur der Bahn seien. Ferner wird das Ziel der Gleichgewichtigkeit der genannten Perspektiven positiv gewürdigt.

Der durch die BSC nahegelegte ganzheitliche Steuerungsansatz ist für die Sozialpartner leichter zu akzeptieren als eine lediglich am Aktienkurs, Gewinn je Aktie oder Dividende festgemachte einseitige Orientierung. Diese wäre für die noch nicht börsengängige Deutsche Bahn derzeit ohnehin abwegig. Entscheidend ist die – für inzwischen jedes change-Projekt nicht allein von Betriebsräten erhobene – Forderung nach rechtzeitiger und umfassender Information. Dass die BSC ein Instrument zur Kontrolle von Leistung und Verhalten am Arbeitsplatz sei, darf sich als Missverständnis gar nicht erst festsetzen.

Kritischer waren die Stimmen zunächst aus dem mittleren Management, das sich einerseits einer „neuen Mode" ausgesetzt sah, oder – noch schlimmer – vermutete, in Zukunft schärfer bei der Entscheidungsfindung „kontrolliert" zu werden. Ferner war vereinzelt aus dem Controlling der DB-Gesellschaften zu hören, dass das bestehende Kennzahlensystem durch ein zusätzliches BSC-Kennzahlensystem überlagert und die Orientierung des Managements zusätzlich erschwert werde.

Der zur Beseitigung dieser Missverständnisse notwendige Kommunikationsprozess ist dort am weitesten fortgeschritten, wo die BSC bereits zur Anwendung gelangt ist. Die Möglichkeit der Integration bestehender Kennzahlen und der Verzicht auf Informationen aus dem alten Kennzahlensystem hat dort, so in der S-Bahn-Hamburg, gezeigt, dass die BSC in jedem Fall eine Vereinfachung der Informationsversorgung und –bewertung darstellen kann. Auch hat der Einführungsprozess der BSC den Verdacht, hier werde gegen die verantwortlichen Führungskräfte ein Kontrollinstrument implementiert, ausräumen können. Ferner wird die Möglichkeit, den eigenen Mitarbeitern wesentlich plastischer die unternehmerische Situation darstellen zu können, zusehends als Vorteil erkannt. Dabei haben sich nicht zuletzt die leicht verständlichen BSC-Tachometer als Visualisierungsinstrument mit großer Breitenwirkung bewährt.

3. Beiträge des Personalmanagements

Worin bestehen nun der spezifische Beitrag und das Interesse des Personalmanagements im BSC-Prozess.
- Zum ersten müssen die personalseitigen Erfolgsfaktoren zutreffend identifiziert und interpretiert werden. Hypothesen des Personalmanagements zum Zusammenhang zwischen beispielsweise Gesundheitsstand (oder anderen Absenzzeiten) und Qualität der Geschäftsprozesse liegen bei der Ausgestaltung des Feldes „Engagement der Mitarbeiter" zugrunde und können später durch eine funktionierende BSC überprüft werden. In diesem Zusammenhang kann es zu einer Inventur des Kennzahlensystems im Personalmanagement kommen, bei der jede Kennzahl auf ihren – wenigstens indirekten - Bezug zu finanzwirtschaftlichen Kennzahlen hin kritisch hinterfragt wird.

Derzeit sind folgende Kenngrößen für das Feld „Engagement der Mitarbeiter" vorgesehen:

Die BahnStrategieCard [DB]

Kriterien im Feld „Engagement der Mitarbeiter"
- Mobilität (gewollte Personalbewegung)
- Fluktuation (ungewollte Personalbewegung)
- Gesundheitsstand
- Zielvereinbarungs- / erreichungsgrad
- Verbesserungen (Zahl, Qualität der Verbesserungsvorschläge)

Abb. 2: Kenngrößen für das Feld „Engagement der Mitarbeiter"

- Zum zweiten kann der Zielfindungs- und -vereinbarungsprozess durch die BSC systematisiert und vereinfacht werden, wobei nicht der Irrtum begangen werden sollte, Zielwerte für jede der 17 Kenngrößen als herausgehobene Ziele der jeweiligen Periode zu formulieren. Ein Anlehnen der Ziele an die Felder der BSC ist aber notwendig. Ebenso sollte eine Analyse der Erfolgsfaktoren im Aufgabenbereich der Führungskraft institutionalisierter Gegenstand des Führungsgespräches sein. Wichtig ist in diesem Zusammenhang, dass der Bestandteil der variablen Vergütung, der an den Grad der individuellen Zielerreichung - mithin an die individuelle Leistung - der Führungskraft gekoppelt ist, transparenter ermittelt werden kann. Die BSC führt im Idealfall zu mehr Eindeutigkeit und „Gerechtigkeit" bei der Jahresabschlussvergütung. Dabei sind Automatismen selbstverständlich zu vermeiden.

- Zum dritten bedeutet eine richtig verstandene Anwendung der BSC eine stärkere Einbindung der Mitarbeiter in die Steuerung der Geschäftsprozesse. Der eigene Beitrag zur Erreichung der Effizienzziele wird deutlicher sichtbar, die Faktoren für Erfolg werden erlebbarer, das Engagement des Mitarbeiters wird mit großer Sicherheit wachsen, wenn die Führungskraft ihrer Informations- und Kommunikationsverantwortung mit Hilfe der BSC gerecht wird. Dass damit ein wichtiges personalpolitisches Ziel verfolgt wird, liegt auf der Hand.

- Viertens wird der Anstoß für ein sich selbst steuerndes internes Benchmarking zwischen Organisationseinheiten mit vergleichbarem Geschäftszweck verstärkt und bekommt eine transparentere Grundlage. Dieser pragmatische Ansatz für das Heranreifen einer konstruktiven Kommunikations- und Feedbackkultur liegt im spezifischen Interesse des Personalmanagements.

4. Zielvereinbarungsprozess

Was wird sich im Zielfindungs- und -vereinbarungsprozess ändern? Zunächst werden alle zu vereinbarenden Ziele einen Bezug zu Feldern der BSC aufweisen. Sie werden möglichst gut messbar gemacht und ihr (auch indirekter) Bezug zu den Effizienz- und Finanzzielen wird hergestellt.

Da die Effizienz- und Finanzziele ohnehin im Mittelpunkt stehen und in jedem Fall Teil des Zielkataloges sein sollten, bekommt das Führungsgespräch durch die ganzheitliche Argumentation entlang der kritischen Erfolgsfaktoren eine neue Qualität. Die BSC wird bei dieser Diskussion eine wesentliche Kommunikationshilfe darstellen. Es ist z.B. diskussionswürdig, ob eine Organisationseinheit mit niedrigem Gesundheitsstand zwangsläufig Einbußen in der Effizienz hat oder ob die Verfügbarkeit von Material in jedem Fall die Qualität der Leistungserstellung positiv bestimmt.

Eine konsequente Verknüpfung von BSC, Planungsprozess und Zielvereinbarung wird schon in der laufenden Planungsrunde, also den Planungen und Budgetbildungen für 2000, angestrebt. Grundsätzlich soll der bisher durch Weitergabe von wirtschaftlichen Zielsetzungen (Budgetvorgaben) und Kontrolle ihrer Umsetzung in Einzelplanungen geprägte Planungsprozess durch ein Planungsgespräch ersetzt werden, in dem das Wissen über das erfolgreiche „Funktionieren" unternehmerischer Einheiten des Konzerns ausgetauscht bzw. vervollständigt wird.

„Hausaufgaben" des Personalmanagements

Konkret wird das Personalmanagement mit den Betriebspartnern die notwendige Anpassung der Führungsinstrumente verhandeln, es wird gemeinsam mit den Geschäftsprozessverantwortlichen Konzepte zum Umgang mit Widerständen entwickeln und bei den Sozialpartnern für Akzeptanz werben. Wo nötig, werden Trainingsinhalte überarbeitet oder neue Trainings zum Umgang mit der BSC entwickelt.

Ferner wird die BSC – wenn es sich anbietet – Teil von Management-Entwicklungsmaßnahmen. Warum soll ein Management-Audit (bei der Deutschen Bahn: Potential Dialog), das immer noch stark Lebenslauf-bezogen geführt wird, nicht auch die BSC der unternehmerischen Einheit einbeziehen, in der der Interviewte Verantwortung trägt. So ließe sich das Interview noch stärker auf seine unternehmerische Kompetenz abstellen.

5. Leistungsmessung im Personalmanagement

Schließlich eröffnet die BSC dem Personalmanagement selbst eine wichtige Perspektive zur Leistungstransparenz. Die Personalressorts des Konzerns, die Betreuungsteams „vor Ort", aber auch einzelne Prozesse können anders als bisher bewertet werden.

Eine typische BSC im Personalmanagement könnte folgendermaßen aussehen:

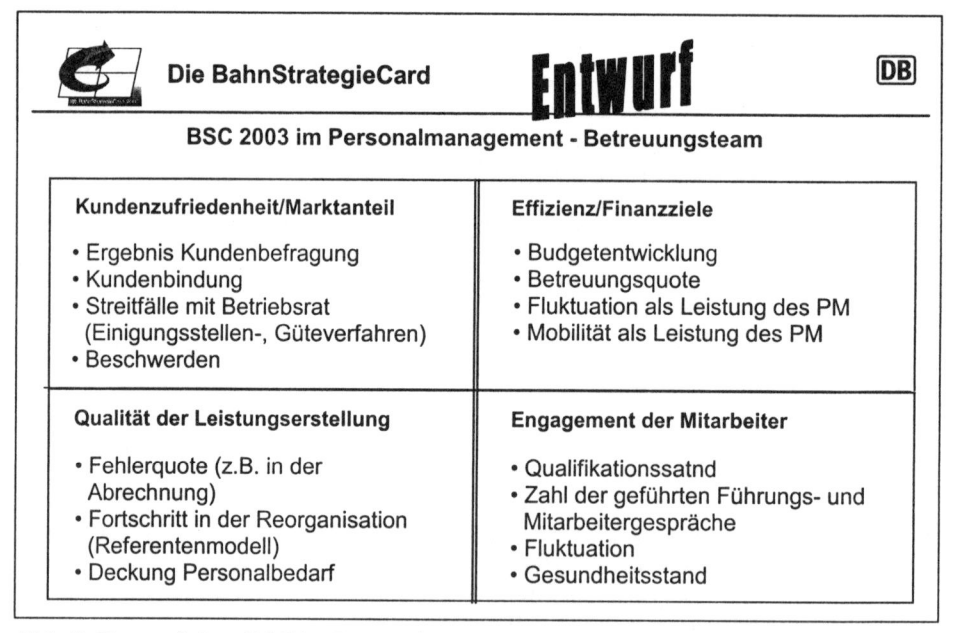

Die BahnStrategieCard **Entwurf**	DB
BSC 2003 im Personalmanagement - Betreuungsteam	
Kundenzufriedenheit/Marktanteil • Ergebnis Kundenbefragung • Kundenbindung • Streitfälle mit Betriebsrat (Einigungsstellen-, Güteverfahren) • Beschwerden	**Effizienz/Finanzziele** • Budgetentwicklung • Betreuungsquote • Fluktuation als Leistung des PM • Mobilität als Leistung des PM
Qualität der Leistungserstellung • Fehlerquote (z.B. in der Abrechnung) • Fortschritt in der Reorganisation (Referentenmodell) • Deckung Personalbedarf	**Engagement der Mitarbeiter** • Qualifikationssatnd • Zahl der geführten Führungs- und Mitarbeitergespräche • Fluktuation • Gesundheitsstand

Abb. 3: Entwurf einer BSC im Personalmanagement

Die Kosten für Personalprozesse (Administration, Entwicklung, Personalplanung usw.) werden sich durch einen Fokus auf die Leistungen der Personalressorts – seien sie ausgedrückt als finanzwirtschaftliche Größe oder als nicht-monetäre Leistungskennzahl – präziser bestimmen lassen.

Dies wird angesichts der Einfachheit und Verständlichkeit der BSC viele, aber nicht jeden im Personalmanagement erfreuen. Schließlich können die Kunden das Verhältnis von Aufwand und Ertrag „ihres" Personalmanagements nicht nur präziser bestimmen, sondern sie lernen auch einiges über die Gründe für ein etwaiges Missverhältnis.

6. Veränderung der Führungskultur

Die Anwendung der BSC bedeutet eine nachhaltige Veränderung der Unternehmenskultur bei der Bahn. Die wichtigsten Trends und Randbedingungen dieses Prozesses seien abschließend aufgezählt:
- Transparenz und Offenheit sind Voraussetzung für eine erfolgreiche Einführung und einen erfolgreichen Umgang mit der BSC, zugleich werden sie durch ihre Einführung gestärkt.
- Internes Benchmarking und ein „voneinander Lernen" werden intensiviert, der Vergleich zwischen Organisationseinheiten mit ähnlichem Geschäftszweck wird etwas selbstverständliches, analysierende Gespräche erhalten eine rationale Grundlage.
- Das Bewusstsein für die tatsächlichen Erfolgsfaktoren wird wachsen. Im Idealfall werden die Geschäftsprozessverantwortlichen sich ganz auf das Steuern an den „richtigen" (wirklich beeinflussbaren, für ihr Geschäft bedeutsamen) Hebeln konzentrieren.
- Die Top-Managementebenen werden auf einer konzentrierteren Basis diskutieren können. Informationen werden soweit verdichtet und in ihrer Bedeutung hierarchisiert, dass die im Top-Management notwendigen Diskussionsprozesse eine (noch) klare(re) Zielrichtung bekommen.
- Die Basis für Entscheidungen wird verbessert, die Möglichkeit zu einem beschleunigten Maß an Entscheidungen erhöht. Allerdings sei auf das Risiko von Fehlentscheidungen hingewiesen, wenn Kenngrößen falsch gewählt oder missinterpretiert werden. Auch kann die BSC nicht alleinige Entscheidungsgrundlage, z.B. bei Investitionsentscheidungen, sein.
- Die BSC darf nicht als Strategie-Ersatz missbraucht werden. Sie transportiert Strategie. Sie verbessert damit ihre Kommunikation und gibt Möglichkeit zur Rückkopplung. Damit aber stellt sie keine eigenständige Strategie dar.

Wenn es gelingt, die BSC als das zu nutzen, was sie wirklich ist, nämlich ein Instrument zur Vereinfachung und Systematisierung von Entscheidungen und damit zu einem Instrument der Steuerung unter Beteiligung möglichst vieler Akteure im Unternehmen, dann wird sie der Deutschen Bahn in der zweiten Stufe der Bahnreform einen wichtigen Dienst erweisen.

ispa GmbH
- Ihr Partner rund um das Personalmanagement

Wer sind wir?:
Seit 1989 beraten wir unsere Kunden aus Industrie- und Dienstleistungsbranchen jeder Größe sowie Unternehmen der öffentlichen Hand.
Unser Beraterteam besteht aus Prof. Dr. K.-F. Ackermann, Geschäftsführer der ispa GmbH, erfahrenen Consultants und Netzwerkpartnern.

Unser Dienstleistungsangebot:
Wir erarbeiten mit Ihnen gemeinsam unternehmensspezifische Konzepte für innovative, kreative und effektive Personalarbeit. Lassen Sie sich von unserem Angebot, bestehend aus **Beratung**, **Training** und **Auftragsforschung** überzeugen.

Weitere Informationen unter **www.ispa-consult.de**
oder rufen Sie uns einfach an !

**Institut für strategische Personalführung und Arbeitszeitgestaltung
Prof. Dr. Ackermann GmbH**
Mitglied des BDU

Anschrift:
Kernerstraße 43 (am Schützenplatz)
70182 Stuttgart

Telefon 0711 / 22879-3
Telefax 0711 / 22879-59
e-mail: info@ispa-consult.de